明 釋德清 撰
黃曙輝 點校

# 道德經解

華東師範大學出版社

**圖書在版編目(CIP)數據**

道德經解/釋德清著. —上海：華東師範大學出版社，2009

（歷代文史要籍注釋選刊）

ISBN 978-7-5617-6947-8

Ⅰ.道... Ⅱ.釋... Ⅲ.①道家②老子－研究 Ⅳ.B223.15

中國版本圖書館 CIP 數據核字（2009）第028285號

歷代文史要籍注釋選刊

# 道德經解

著　　者　（明）釋德清
點 校 者　黄曙輝
責任編輯　王　焰　陳慶生
審讀編輯　李劍雄
特約編輯　張金鴻
裝幀設計　勞　韌

出版發行　華東師範大學出版社
社　　址　上海市中山北路3663號　郵編 200062
電話總機　021-62450163轉各部門　行政傳真　021-62572105
客服電話　021-62865537（兼傳真）
門市（郵購）電話　021-62869887
門市地址　上海市中山北路3663號華東師範大學校内先鋒路口
網　　址　www.ecnupress.com.cn

印 刷 者　杭州富陽永昌印刷有限公司
開　　本　850×1168　32開
印　　張　5
字　　數　77千字
版　　次　2009年4月第1版
印　　次　2009年4月第1次
印　　數　4000册
書　　號　ISBN 978-7-5617-6947-8/I・519
定　　價　15.00元

出 版 人　朱傑人

# 整理弁言

《道德經解》，附《觀老莊影響論》，明釋德清著。

德清，字澄印，號憨山老人。憨山大師宗説兼通，解行並應，弘宗演教，著述極富。與蓮池、紫柏、蕅益並稱明季清初四大高僧。《觀老莊影響論》，一名《三教源流異同論》，作於明萬曆十八年庚寅，大師四十五歲；《道德經解》经始於萬曆二十年壬辰，萬曆三十五年丁未成書，大師六十二歲。《憨山老人自序年譜實錄》萬曆三十五年條下云：「注《道德經》成。予幼讀《老子》，以文古意幽，切究其旨，有所得，俗弟子請爲之注。始於壬辰屬意，每參究透徹，方落筆。苟一字有疑而不通者，決不輕放。因此用功十五年，攜於行間，至今方完。」多歷年所，均大師精心結撰之作。

憨山於老子玄旨，多有神悟，而平議三教，每有警拔之俊語，如言「不知《春秋》，不能涉世；不知老莊，不能忘世；不參禪，不能出世」，均足啓人深長之思。

不僅爲研讀老學者所宜參考，亦明季思想史之珍貴史料也。因據清光緒十二年金陵刻經處刊本校點一過，作爲《歷代文史要籍注釋選刊》中《老子卷》之一種，由華東師範大學出版社刊行。己丑春整理者謹識。

# 目録

道德經解下篇

# 觀老莊影響論

一名三教源流異同論

## 敘意

西域諸祖，造論以破外道之執，須善自他宗。此方從古經論諸師，未有不善自他宗者。吾宗末學，安於孤陋，昧於同體，視爲異物，不能融通教觀，難於利俗。其有初信之士，不能深窮教典，苦於名相支離，難於理會，至於酷嗜老莊爲文章淵藪，及其言論指歸，莫不望洋而歎也。迨觀諸家注釋，各徇所見，難以折衷，及見《口義》《副墨》，深引佛經，每一言有當，且謂一大藏經皆從此出，而惑者以爲必當，深有慨焉。余居海上，枯坐之餘，因閱《楞嚴》《法華》次，有請益老莊之旨者，遂蔓衍及此以自決，非敢求知於真人，以爲必當之論也。且慨從古原教破敵者，發藥居多，而啟膏肓之疾者少，非不妙投，第未胗其病源耳。是故余以唯心識觀而印決之，如摩尼圓照，五色相鮮，空谷傳聲，衆響斯應。苟唯心識而觀諸法，則彼自不出影響間也，故以名論。

## 論教源

嘗觀世之百工技藝之精而造乎妙者，不可以言傳；效之者，亦不可以言得，況大道之妙，可以口耳授受語言文字而致哉？蓋在心悟之妙耳。是則不獨參禪貴在妙悟，即世智辯聰、治世語言、資生之業，無有一法不悟而得其妙者，妙則非言可及也。故吾佛聖人說《法華》，則純譚實相，乃至妙法，則未措一詞，但云如是而已。至若悟妙法者，但云善說法者，治世語言、資生業等，皆順正法。而《華嚴》五地聖人，善能通達世間之學，至於陰陽術數、圖書印璽、醫方辭賦，靡不該練，然後可以涉俗利生。故等覺大士，現十界形，應以何身何法得度，即現何身何法而度脱之。由是觀之，佛法豈絶無世諦，而世諦豈盡非佛法哉？由人不悟大道之妙，而自畫於內外之差耳，道豈然乎？竊觀古今衛道藩籬者，在此則曰彼外道耳，在彼則曰此異端也。大而觀之，其猶貴賤偶人、經界太虛、是非日月之光也，是皆不悟自心之妙而增益其戲論耳。蓋古之聖人無他，特悟心之妙者，一切言教，皆從妙悟心中流出，應機而示淺深者也。故曰：「無不從此法界流，無不還歸此法界。」是故吾人不悟自心，不知聖人之心；不知聖人之心，而擬聖人之言者，譬夫場人之欣戚，雖樂不樂，雖哀不哀，哀樂原不出於己有也。哀樂不出於己，而以己爲有者，吾於釋聖人之言者見之。

## 論心法

余幼師孔不知孔，師老不知老。既壯，師佛不知佛。退而入於深山大澤，習靜以觀心焉，由是而知三界唯心，萬法唯識。既唯心識觀，則一切形，心之影也；一切聲，心之響也，是則一切聖人乃影之端者，一切言教乃響之順者。由萬法唯心所現，故治世語言、資生業等，皆順正法。以心外無法，故法法皆真，迷者執之而不妙。若悟自心，則法無不妙。心法俱妙，唯聖者能之。

## 論去取

吾佛經盡出自西域，皆從翻譯。然經之來始於漢，至西晉方大盛。晉之譯師，獨稱羅什爲最，而什之徒，生、肇、融、叡四公，僧之麟鳳也，而什得執役。然什於肇亦曰：「余解不謝子，文當相揖耳。」蓋肇尤善老莊焉。然佛經皆出金口所宣，而至此方，則語多不類，一經而數譯者有之，以致淺識之疑，殊不知理實不差，文在譯人之巧拙耳。故藏經凡出什之手者，文皆雅致，以有四哲左右焉。故《法華》理深辭密，曲盡其妙不在言；而《維摩》文勢宛莊，語其理自昭著；至於肇四論，則渾然無隙，非具正法眼者，斷斷難明。故惑者非之以空宗莊老孟浪之談，宜矣。清涼觀國師，華嚴菩薩也，至疏《華嚴》，每引《肇論》，必曰肇公，尊之也。嘗竊論之，藉使肇見不正，則什何容在座？什眼不明，則譯何以稱尊？若《肇論》不經，則觀又何容口？古今質疑頗多，而槩不及此，何哉？至觀《華嚴疏》，每引老莊語甚夥，則曰：「取其文，不取其意。」圭峰則謂二氏不能原人，《宗鏡》闢之尤著。然上諸師，皆應身大士，建大法幢者，何去取相左如此？嘗試論之，抑各有所主也。蓋西域之語，質直無文，且多重複，而譯師之學，不善兩方者，則文多鄙野，大爲理累。蓋中國聖人之言，除五經束於世教，此外載道之言者，唯老一書而已，然老言古簡，深隱難明，發揮老氏之道者，唯莊一人而已。《筆乘》有言：「老之有莊，猶孔之有孟。」斯言信之。然孔稱老氏「猶龍」，假孟而見莊，豈不北面耶？間嘗私謂中國去聖人，即上下千古負超世之見者，去老唯莊一人而已。載道之言，廣大自在，除佛經，即諸子百氏究天人之學者，唯莊一書而已。藉令中國無此人，萬世之下，不知有真人；中國無此書，萬世之下，不知有妙論。蓋吾佛法廣大微妙，譯者險辭以濟之，理必沈隱，如《楞伽》是已。是故什之所譯稱最者，以有四哲爲之輔佐故耳。觀師有言：「取其文，不取其意。」斯言有由矣。設或此方有過老莊之言者，肇必捨此而不顧矣。由是觀之，肇之經論用其文者，蓋肇宗《法華》所謂善説法者，世諦語言、資生業等，皆順正法，乃深造實相者之所爲也。圭峰少而《宗鏡》遠之者，孔子作《春秋》，假天王之令而行賞罰；二師其操法王之權而行褒貶歟？清涼則渾融法界，無可無不可者。故取而不取，是各有所主也。故余於《法華》見觀音三十二應，則曰：「應以婆羅門身得度，即現其身而爲説法。」至於妙莊嚴二子，則曰：「汝父信受外道，深著婆羅門法。」且二子亦悔生此邪見之家。蓋此方老莊，即西域婆羅門類也。然此剛爲現身説法，旋即斥爲外道邪見，何也？蓋在著與不著耳。由觀音圓通無礙，則不妨現身説法；由妙莊深生執著，故爲外道邪見。是以聖人教人，但破其執，不破其法，是凡執著音聲色相者，非正見也。

## 論學問

余每見學者披閱經疏，忽撞引及子史之言者，如攔路虎，必驚怖不前，及教之親習，則曰：「彼外家言耳。」掉頭弗顧。抑嘗見士君子爲莊子語者，必引佛語爲證，或一言有當，且曰：「佛一大藏盡出於此。」嗟乎，是豈通達之謂耶？質斯二者，學佛而不通百氏，不但不知世法，而亦不知佛法；解莊而謂盡佛經，不但不知佛意，而亦不知莊意。此其所以難明也。故曰：「自大視細者不盡，自細視大者不明。」余嘗以三事自勖曰：「不知《春秋》，不能涉世；不知老莊，不能忘世；不參禪，不能出世。」知此，可與言學矣。

## 論教乘

或問：「三教聖人本來一理，是果然乎？」曰：若以三界唯心、萬法唯識而觀，不獨三教本來一理，無有一事一法，不從此心之所建立；若以平等法界而觀，不獨三聖本來一體，無有一人一物，不是毗盧遮那海印三昧威神所現。故曰：不壞相而緣起，染淨恒殊；不捨緣而即真，聖凡平等，但所施設有圓融行布、人法權實之異耳。圓融者，一切諸法，但是一心，染淨融通，無障無礙。行布者，十界、五乘、五教理事因果淺深不同。所言十界，謂四聖六凡也。所言五教，謂小、始、終、頓、圓也。所言五乘，謂人、天、聲聞、緣覺、菩薩也，佛則最上一乘矣。然此五乘，各有修進，因果階差，條然不紊。所言人者，即蓋載兩間，四海之内，君長所統者是已，原其所修，以五戒爲本。所言天者，即欲界諸天，帝釋所統，原其所修，以上品十善爲本。色界諸天，梵王所統；無色界諸天，空定所持，原其所修，上品十善，以有漏禪九次第定爲本。此二乃界内之因果也。所言聲聞所修，以四諦爲本；緣覺所修，以十二因緣爲本；菩薩所修，以六度爲本。此三乃界外之因果也。佛則圓悟一心，妙契三德，攝而爲一，故曰圓融。散而爲五，故曰行布。然此理趣，諸經備載。由是觀之，則五乘之法，皆是佛法；五乘之行，皆是佛行。良由衆生根器大小不同，故聖人設教，淺深不一，無非應機施設，所謂「教不躐等」之意也。由是證知孔子，人乘之聖也，故奉天以治人；老子，天乘之聖也，故清淨無欲，離人而入天；聲聞、緣覺，超人天之聖也，故高超三界，遠越四生，棄人天而不入；菩薩，超二乘之聖也，出人天而入人天，故往來三界，救度四生，出真而入俗；佛則超聖凡之聖也，故能聖能凡，在天而天，在人而人，乃至異類分形，無往而不入。若且夫能聖能凡者，豈聖凡所能哉？據實而觀，則一切無非佛法，三教無非聖人。若人若法，統屬一心，若事若理，無障無礙，是名爲佛。故圓融不礙行布，十界森然；行布不礙圓融，一際平等，又何彼此之分、是非之辯哉？故曰：或邊地語說四諦，或隨俗語說四諦。蓋人天隨俗而說四諦者也。原彼二聖，豈非吾佛密遣二人而爲佛法前導者耶？斯則人法皆權耳。良由建化門頭，不壞因果之相，三教之學，皆防學者之心，緣淺以及深，由近以至遠，是以孔子欲人不爲虎狼禽獸之行也。故以仁義禮智援之，姑使舍惡以從善，由物而入人，修先王之教，明賞罰之權，作《春秋》以明治亂之跡，正人心，定上下，以立君臣父子之分，以定人倫之節。其法嚴，其教切，近人情而易行。但當人欲橫流之際，故在彼汲汲猶難之。吾意中國非孔氏而人不爲禽獸者幾希矣。雖然，孔氏之跡固然耳，其心豈盡然耶？況彼明言之曰：「毋意，毋必，毋固，毋我。」觀其濟世之心，豈非據菩薩乘，而說治世之法者耶？經稱儒童，良有以也。而學者不見聖人之心，將謂其道如此而已矣。故執先王之跡以掛功名，堅固我執，肆貪欲而爲生累，至操仁義而爲盜賊之資，啟攻鬥之禍者有之矣。故老氏愍之曰：斯尊聖用智之過也，若絕聖棄智，則民利百倍，剖斗折衡，則民不爭矣。甚矣，貪欲之害也。故曰：「不見可欲，使心不亂。」故其爲教也，離欲清淨。以靜定持心，不事於物，淡泊無爲，此天之行也。使人學此，離人而入於天。

由其言深沈，學者難明，故得莊子起而大發揚之。因人之固執也深，故其言之也切。至於誹堯、舜，薄湯、武，非大言也，絶聖棄智之謂也。治推上古，道越羲、皇，非漫談也，甚言有爲之害也。詆訾孔子，非詆孔子，詆學孔子之跡者也。且非實言，乃破執之言也。故曰：「寓言十九，重言十七。」訶教勸離，隳形泯智。意使離人入天，去貪欲之累故耳。至若精研世故，曲盡人情，破我執之牢關，去生人之大累，寓言曼衍，比事類辭，精切著明，微妙玄通，深不可識。此其説人天法，而具無礙之辯者也。非夫現婆羅門身而説法者耶？何其遊戲廣大之若此也。秕糠塵世，幻化死生，解脱物累，逍遥自在，其超世之量何如哉？嘗謂五伯僭竊之餘，處士横議、充塞仁義之途。若非孟氏起而大辟之，吾意天下後世難言矣。况當群雄吞噬之劇，舉世顛瞑，亡生於物欲，火馳而不返者衆矣。若非此老崛起，攘臂其間，後世縱有高潔之士，將亦不知軒冕爲桎梏矣。均之濟世之功，又何如耶？然其工夫由静定而入，其文字從三昧而出，後人以一曲之見而窺其人，以濁亂之心而讀其書，茫然不知所歸趣。苟不見其心而觀其言，宜乎驚怖而不入也。且彼亦曰：「萬世之後，而一遇大聖，知其解者，是旦暮遇之也。」然彼所求之大聖，非佛而又其誰耶？吾意彼爲吾佛破執之前矛，斯言信之矣。世人于彼尚不入，安能入於佛法乎？

## 論工夫

吾教五乘進修工夫，雖各事行不同，然其修心，皆以止觀爲本。故吾教止觀，有大乘，有小乘，有人天乘，四禪八定，九通明禪。孔氏亦曰：「知止而後有定。」又曰：「自誠明。」此人乘止觀也。老子曰：「常無欲以觀其妙，常有欲以觀其徼。」又曰：「萬物並作，吾以觀其復。」莊子亦曰：「莫若以明。」又曰：「聖人不由，而照之於天。」又曰：「人莫鑑於流水，而鑑於止水。惟止，能止衆止也。」又曰：「大定持之。」至若「百骸九竅，賅而存焉，吾誰與爲親」？又曰：「咸其自取，怒者其誰耶？」至若黄帝之退居，顏子之心齋，丈人承蜩之喻，仲尼夢覺之論，此其靜定工夫，舉皆釋形去智，離欲清淨。所謂厭下若麤障，欣上淨妙離，冀去人而入天。按教所明，乃捨欲界生，而生初禪者。故曰：「宇泰定者，發乎天光。」此天乘止觀也。《首楞嚴》

曰：「一切世間所修心人，愛染不生，無留欲界，是人應念身爲梵侶。」又曰：「欲習既除，離欲心現。是人應時能行梵德，名爲梵輔。」又曰：「清淨禁戒，加以明悟。是人應時能統梵衆，爲大梵王。」又曰：「此三勝流，一切煩惱所不能逼。雖非正修真三摩地，清淨心中，諸漏不動，名爲初禪。至於澄心不動，湛寂生光，倍倍增勝，以歷二三四禪，精見現前，陶鑄無礙。以至究竟羣幾，窮色性性，入無邊際，名色究竟天。」此其證也。由是觀之，老氏之學，若謂大患莫若於有身，故滅身以歸無；勞形莫先於有智，故釋智以淪虛，此則有似二乘，且出無佛世，觀化知無，有似獨覺。原其所宗，虛無自然，即屬外道。觀其慈悲救世之心，人天交歸，有無雙照，又似菩薩。蓋以權論，正所謂現婆羅門身而説法者；據實判之，乃人天乘修梵行而入空定者是也。所以能濟世者，以大梵天王爲娑婆主，統領世界，説十善法，救度衆生。據《華嚴》地上菩薩爲大梵王，至其梵衆，皆實行天人，由人乘而修天行者，此其類也無疑矣。吾故曰莊語純究天人之際，非孟浪之談也。

## 論行本

原夫即一心而現十界之像，是則四聖六凡皆一心之影響也，豈獨人天爲然哉？究論修進階差，實自人乘而立，是知人爲凡聖之本也。故裴休有言曰：「鬼神沈幽愁之苦，鳥獸懷獝狖之悲，修羅方瞋，諸天耽樂。可以整心慮，趣菩提，唯人道爲能耳。」由是觀之，捨人道無以立佛法，非佛法無以盡一心。是則佛法以人道爲鎡基，人道以佛法爲究竟。故曰「菩提所緣，緣苦衆生。若無衆生，則無菩提」，此之謂也。所言人道者，乃君臣父子夫婦之間，民生日用之常也。假而君君臣臣，父父子子，不識不知，無貪無競，如幻化人。是爲諸上善人俱會一處，即此世界爲極樂之國矣。又何庸夫聖人哉？柰何人者，因愛欲而生，愛欲而死，其生死愛欲者，財、色、名、食、睡耳。由此五者，起貪愛之心，搆攻鬬之禍，以致君不君，臣不臣，父不父，子不子。雖先王之賞罰，不足以禁其心，適一己無厭之欲，以結未來無量之苦，是以吾佛愍之曰：「諸苦所因，貪欲爲本。若滅貪欲，無所依止。」故現身三界，與民同患，乃説離欲出苦之要道耳。且不居天上，而乃生於人間者，正示十界因果之相，皆從人道建立也。然既處人道，不可不知人道也。故吾佛聖人不從空生，而以淨梵爲父，摩耶爲母者，示有君親也；以耶輸爲妻，示有夫婦也；以羅𥘿爲子，示有父子也，且必捨父母而出家，非無君親也，割君親之愛也；棄國榮而不顧，示名利爲累也；擲妻子而遠之，示貪欲之害也；入深山而苦修，示離欲之行也；先習外道四徧處定，示離人而入天也；捨此而證正偏正覺之道者，示人天之行不足貴也；成佛之後，入王宫而舁父棺，上忉利而爲母説法，示佛道不捨孝道也；依人間而説法，示人道易趣菩提也；假王臣爲外護，示處世不越世法也。此吾大師示現度生之楷模，垂誡後世之弘範也。嗟乎，吾人爲佛弟子，不知吾佛之心；處人間世，不知人倫之事，與之論佛法，則儱侗真如，瞞頇佛性；與之論世法，則觸事面牆，幾如檮昧；與之論教乘，則曰枝葉耳，不足尚也；與之言六度，則曰菩薩之行，非吾所敢爲也；與之言四諦，則曰彼小乘耳，不足爲也；與之言四禪八定，則曰彼外道所習耳，何足齒也；與之言人道，則茫不知君臣父子之分，仁義禮智之行也。嗟乎，吾人不知何物也，然而好高慕遠，動以口耳爲借資，竟不知吾佛教人出世，以離欲之行爲第一也。故曰：「離欲寂靜，最爲第一。」以余生人道，不越人乘，故幼師孔子，以知人欲爲諸苦本，志離欲行，故少師老莊，以觀三界唯心，萬法唯識，知十界唯心之影響也，故皈命佛。

## 論宗趣

老氏所宗虛無大道，即《楞嚴》所謂晦昧爲空，八識精明之體也。然吾人迷此妙明一心而爲第八阿賴耶識，依此而有七識爲生死之根，六識爲造業之本，變起根身器界生死之相，是則十界聖凡，統皆不離此識，但有執破染淨之異耳。以欲界凡夫不知六塵五欲境界，唯識所變，乃因六識分別，起貪愛心，固執不捨，造種種業，受種種苦，所謂人欲橫流，故孔子設仁義禮智教化爲隄防，使思無邪，姑捨惡而從善，至於定名分，正上下，然其道未離分別。即所言靜定工夫，以唯識證之，斯乃斷前六識分別邪妄之思，以祛鬭諍之害，而要歸所謂妙道者，乃以七識爲指歸之地，所謂生機道原，故曰：「生生之謂易」是也。至若老氏以虚無爲妙道，則曰「谷神不死」，又曰「死而不亡者壽」，又曰「生生者不生」，且其教以絶聖棄智、忘形去欲爲行，以無爲爲宗極，斯比孔則又進，觀生機深脈，破前六識分别之執，伏前七識生滅之機，而認八識精明之體，即《楞嚴》所謂罔象虚無微細精想者，以爲妙道之源耳。故曰：「惚兮恍，其中有象。恍兮惚，其中有物。」以其此識乃全體無明，觀之不透，故曰：「杳杳冥冥，其中有精。」以其識體不思議熏不思議變，故曰：「玄之又玄。」而稱之曰妙道。以天地萬物皆從此中變現，故曰：「天地之根，衆妙之門。」不知其所以然而然，故莊稱自然。且老乃中國之人也，未見佛法，而深觀至此，可謂捷疾利根矣。借使一見吾佛而印決之，豈不頓證真無生耶？吾意西涉流沙，豈無謂哉？大段此識，深隱難測，當佛未出世時，西域九十六種，以六師爲宗，其所立論百什，至於得神通者甚多，其書又不止此方之老莊也。洎乎吾佛出世，靈山一會，英傑之士，皆彼六師之徒，且其見佛，不一言而悟，如良馬見鞭影而行，豈非昔之工夫有在，但邪執之心未忘，故今見佛，只在點化之間以破其執耳。故佛説法原無贅語，但就衆生所執之情，隨宜而擊破之，所謂「以楔出楔」者，本無實法與人也。至於楞嚴會上，微細披剝，次第征辯，以破因緣自然之執，以斷凡夫外道二乘之疑。而看教者不審乎此，但云彼西域之人耳，此東土之人也。人有彼此，而佛性豈有二耶？且吾佛爲三界之師、四生之父，豈其說法，止爲彼方之人，而此十萬里外，則絕無分耶？然而一切衆生，皆依八識而有生死，堅固我執之情者，豈只彼方衆生有執，而此方衆生無之耶？是則此第八識，彼外道者，或執之爲冥諦，或執之爲自然，或執之爲因緣，或執之爲神我，即以定修心生於梵天，而執之爲五現涅盤，或窮空不歸而入無色界天，伏前七識生機不動，進觀識性，至空無邊處，無所有處，以極非非想處。此乃界内修心，而未離識性者，故曰「學道之人不識真，只爲從前認識神。無量劫來生死本，癡人認作本來人」者是也。至於界外聲聞，已滅三界見思之惑，已斷三界生死之苦，已證無爲寂滅之樂。八識名字尚不知，而亦認爲涅槃，將謂究竟歸寧之地，且又親從佛教得度，猶費吾佛四十年彈訶淘汰之功。至於法華會上，猶懷疑佛之意，謂以小乘而見濟度，雖地上菩薩，登七地已，捨此識，而猶異熟未空。由是觀之，八識爲生死根本，豈淺淺哉？故曰：「一切世間修行人，不能得成無上菩提，乃至别成聲聞緣覺，及成外道，諸天魔王及魔眷屬，皆由不知二種根本，一者無始生死根本，則汝今者與諸衆生，用攀緣心爲自性者；二者無始涅槃元清淨體，則汝今者，識精元明，能生諸緣，緣所遺者。」正此之謂也。噫，老氏生人間世，出無佛世，而能窮造化之原，深觀至此，即其精進工夫，誠不易易，但未打破生死窠窟耳。古德嘗言：「孔助於戒，以其嚴於治身；老助於定，以其精於忘我。二聖之學，與佛相須而爲用。」豈徒然哉？據實而論，執孔者涉因緣，執老者墮自然，要皆未離識性，不能究竟一心故也，佛則離心意識，故曰：「本非因緣，非自然性，方徹一心之源耳。」此其世出世法之分也。故佛所破，正不止此。即出世三乘，而亦皆在其中矣。世人但見莊子誹堯、舜，薄湯、武，詆訾孔子之徒，以爲驚異。若聞世尊訶斥二乘以爲焦芽敗種、悲重菩薩以爲佛法闡提，又將何如耶？然而佛訶二乘，非訶二乘，訶執二乘之迹者，欲其捨小趣大也。所謂莊詆孔子，非詆孔子，詆學孔子之迹者，欲其絶聖棄智也。要皆遣情破執之謂也。若果情忘執謝，其將把臂而遊妙道之鄉矣。方且懽忻至樂之不暇，又何庸夫憒憒哉？此其華嚴地上菩薩，而於塗灰事火、卧棘投鹹之儔，靡不現身其中，與之而作師長也。苟非佛去，又何令彼入佛法哉？故彼六師之執幟，非佛不足以拔之。吾意老莊之大言，非佛法不足以證。嚮之信乎遊戲之談，雖老師宿學不能自解免耳，今以唯心識觀，皆不出影響矣。

此論剏意，蓋予居海上時，萬曆戊子冬，乞食王城，嘗與洞觀居士夜談所及，居士大爲撫掌。庚寅夏日，始命筆焉。藏之既久，向未拈出。甲午冬，隨緣王城，擬請益於弱侯焦太史，不果。明年乙未春，以弘法罹難，其草業已遺之海上矣。仍遣侍者往殘簡中搜得之。秋蒙恩遣雷陽，達觀禪師由匡廬杖策候予於江上。冬十一月，予方渡江，晤師於旅泊庵，夜坐出此，師一讀三歎曰：「是足以祛長迷也。」即命弟子如奇刻之以廣法施，予固止之。戊戌夏，予寓五羊時，與諸弟子結制壘壁間，爲衆演《楞嚴》宗旨，門人寶貴，見而歎喜，願竭力成之，以卒業焉。噫，欲識佛性義，當觀時節因緣。此區區片語，誠不足爲法門重輕。刱意於十年之前，而克成於十年之後，作之於東海之東，而行之於南海之南，豈機緣偶會而然耶？道與時也，庸可强乎？然此蓋因觀老莊而作也，故以名論。萬曆戊戌除日憨山道人清書於楞伽室。

病後俗冗，近始讀大製《曹谿通志》，及觀《老莊影響論》等書，深爲歎服。所謂「不知《春秋》，不能涉世；不知老莊，不能忘世；不參禪，不能出世」及「孔子人乘之聖，老子天乘之聖，佛能聖能凡、能人能天之聖」，如此之類，百世不易之論也。起原再稽顙。

# 註道德經序

予少喜讀老莊，苦不解義，惟所領會處，想見其精神命脈，故略得離言之旨。及搜諸家註釋，則多以己意爲文，若與之角，則義愈晦。及熟玩莊語，則於老恍有得焉。因謂註乃人人之老莊，非老莊之老莊也。以老文簡古，而旨幽玄，則莊實爲之註疏。苟能懸解，則思過半矣。空山禪暇，細玩沈思，言有會心，即託之筆。必得義遺言，因言以見義。或經旬而得一語，或經年而得一章。始於東海，以至南粤。自壬辰以至丙午，周十五年乃能卒業。是知古人立言之不易也。以文太簡，故不厭貫通，要非枝也。嘗謂儒宗堯、舜，以名爲教，故宗於仁義；老宗軒黃，道重無爲，如云「失道德而後仁義」，此立言之本也。故莊之誹薄，殊非大言。以超俗之論則駭俗，故爲放而不收也。當仲尼問禮，則歎爲「猶龍」，聖不自聖，豈無謂哉？故老以無用爲大用，苟以之經世，則化理治平，如指諸掌。尤以無爲爲宗極，性命爲真修，即遠世遺榮，殆非矯矯。苟得其要，則真妄之途雲泥自別。所謂「真以治身，緒餘以爲天下國家」，信非誣矣。或曰：「子之禪貴忘言，乃嘵嘵於世諦，何所取大耶？」予曰：不然。鴉鳴鵲噪，咸自天機；蟻聚蜂遊，都歸神理。是則何語非禪，何法非道？況釋智忘懷之談，詎非入禪初地乎？且禪以我蔽，故破我以達禪，老則先登矣。若夫玩世蜉蝣，尤當以此爲樂土矣。註成，始刻於嶺南，重刻於五雲南岳與金陵，今則再刻於吳門。以尚之者衆，故施不厭普矣。

# 老子傳

按《史記》：「老子者，楚苦音估。縣厲音賴。鄉曲仁里人也。姓李氏，名耳。字伯陽。謚曰聃。周守藏之史也。亦云柱下史。孔子適周，將問禮於老子。老子曰：『子所言者，其人與骨皆已朽矣，獨其言在耳。君子得其時則駕，不得其時則蓬累而行。蓬累，篛笠也，首戴之而行。言無車蓋也。吾聞之，良賈深藏若虛，君子盛德，容貌若愚。去子之驕氣與多欲，態色與淫志，是皆無益於子之身。吾所以告子者，若是而已矣。』孔子去，謂弟子曰：『鳥，吾知其能飛；魚，吾知其能遊；獸，吾知其能走。走者可以爲網，遊者可以爲綸，飛者可以爲矰。至於龍，吾不能知，其乘風雲而上天。吾今見老子，其猶龍耶？』老子修道德，其學以自隱無名爲務。居周久之，見周之衰，廼遂去。至關，關令尹喜曰：『子將隱矣，彊爲我著書。』於是老子遂著書上下篇，言道德之意五千餘言而去，莫知所終。」老子生周定王三年，母孕八十年而生，生而皓首，故稱老子。

## 發明宗旨

老氏所宗，以虛無自然爲妙道，此即《楞嚴》所謂「分別都無，非色非空，拘舍離等，昧爲冥諦」者是已。此正所云八識空昧之體也。以其此識，最極幽深，微妙難測，非佛不足以盡之，轉此則爲大鏡圓智矣。菩薩知此，以止觀而破之，尚有分證。至若聲聞不知，則取之爲涅槃；西域外道梵志不知，則執之爲冥諦。此則以為虛無自然妙道也。故經曰：「諸修行人，不能得成無上菩提，乃至別成聲聞緣覺，諸天外道魔王及魔眷屬，皆由不知二種根本，錯亂修習。猶如煑沙，欲成佳饌，縱經塵劫，終不能得。云何二種？一者無始生死根本，則汝今者與諸衆生，用攀援心爲自性者；二者無始涅槃，元清淨體，則汝今者，識精元明，能生諸緣，緣所遺者。」此言「識精元明」，即老子之妙道也，故曰：「杳杳冥冥，其中有精。其精甚真。」由其此體，至虛至大，故非色。以能生諸緣，故非空。不知天地萬物皆從此識變現，乃謂之自然，由不思議熏，不思議變，故謂之妙。至精不雜，故謂之真。天地壞而此體不壞，人身滅而此性常存，故謂之常。萬物變化，皆出於此。故謂之天地之根，衆妙之門。凡遇書中所稱真常玄妙、虚無大道等語，皆以此印證之，則自有歸趣。不然，則茫若捕風捉影矣。故先示於此，臨文不煩重出。

## 發明趣向

愚謂看老莊者，先要熟覽教乘，精透《楞嚴》，融會吾佛破執之論，則不被他文字所惑。然後精修靜定，工夫純熟，用心微細，方見此老工夫苦切。然要真真實實看得身爲苦本，智爲累根，自能隳形釋智，方知此老真實受用至樂處。更須將世事一一看破，人情一一覷破，虚懷處世，目前無有絲毫障礙，方見此老真實逍遥快活，廣大自在，儼然一無事道人。然後不得已而應事，則不費一點氣力，端然無爲而治。觀所以教孔子之言，可知已。《莊子》一書，乃《老子》之注疏，故愚所謂老之有莊，如孔之有孟，是知二子所言，皆真實話，非大言也。故曰：「吾言甚易知，甚易行。天下莫能知，莫能行。」而世之談二子者，全不在自己工夫體會，只以語言文字之乎者也而擬之，故大不相及，要且學疏狂之態者有之，而未見有以靜定工夫而入者，此其所謂「知我者希」矣。冀覩二子者，當作如是觀。

## 發明工夫

《老子》一書，向來解者例以虛無爲宗，及至求其入道工夫，茫然不知下手處，故予於首篇將「觀無」「觀有」一「觀」字，爲入道之要，使學者易入。然觀照之功最大，三教聖人皆以此示人，孔子則曰「知止而後有定」，又曰「明明德」，然知、明即了悟之意。佛言止觀，則有三乘止觀、人天止觀淺深之不同。若孔子，乃人乘止觀也，老子乃天乘止觀也。然雖三教止觀淺深不同，要其所治之病，俱以先破我執爲第一步工夫，以其世人盡以「我」之一字爲病根。即智愚賢不肖，汲汲功名利禄之場，圖爲百世子孫之計，用盡機智，總之皆爲一身之謀。如佛言「諸苦所因，貪欲爲本，皆爲我故」。老子亦曰：「貴大患若身。」以孔聖爲名教宗主，故對中下學人，不敢輕言破我執，唯對顔子，則曰「克己」，其餘但言「正心誠意修身」而已。

然心既正，意既誠，身既修，以此施於君臣父子之間，各盡其誠，即此是道，所謂「爲名教設」也。至若絕聖棄智，無我之旨，乃自受用地，亦不敢輕易舉似於人，唯引而不發，所謂「若聖與仁，則吾豈敢」，又曰「吾有知乎哉？無知也。有鄙夫問於我，空空如也」，至若極力爲人處，則曰「克己」，則曰「毋意，毋必，毋固，毋我」，此四言者，肝膽畢露。然己者我私，意者生心，必者待心，固者執心，我者我心，克者盡絕，毋者禁絕之辭，教人盡絕此意、必、固、我四者之病也。以聖人虛懷遊世，寂然不動，物來順應，感而遂通，用心如鏡，不將不迎，來無所粘，去無踪跡，身心兩忘，與物無競，此聖人之心也。世人所以不能如聖人者，但有意、必、固、我四者之病，故不自在，動即是苦。孔子觀見世人病根在此，故使痛絕之。即此之教，便是佛、老以無我爲宗也。且「毋」字便是斬截工夫，下手最毒，即如法家禁令之言。毋得者，使其絕不可有犯，一犯便罪不容赦，只是學者不知耳。至若吾佛說法，雖浩瀚廣大，要之不出破衆生麤細我、法二執而已。二執既破，便登佛地。即三藏經文，皆是破此二執之具。所破之執，即孔子之四病，尚乃麤執耳。世人不知，將謂別有玄妙也。若夫老子超出世人一步，故專以破執立言，要人釋智遺形，離欲清淨。然所釋之智，乃私智，即意、必也；所遺之形，即固、我也；所離之欲，即己私也。清淨則廓然無礙，如太虛空，即孔子之大公也。是知孔、老心法未嘗不符，第門庭施設，藩衛世教，不得不爾。以孔子專於經世，老子專於忘世，佛專於出世，然究竟雖不同，其實最初一步，皆以破我執爲主，工夫皆由止觀而入。

## 發明體用

或曰：「三教聖人教人，俱要先破我執，是則無我之體同矣，柰何其用有經世、忘世、出世之不同耶？」答曰：體用皆同，但有淺深小大之不同耳。假若孔子果有我，是但爲一己之私，何以經世？佛、老果絕世，是爲自度，又何以利生？是知由無我方能經世，由利生方見無我，其實一也。若孔子曰「寂然不動，感而遂通天下之故」，用也。「明則誠」，體也；「誠則形」，用也。心正意誠，體也；身修家齊，國治天下平，用也。老子「無名」，體也；「無爲而有爲」，用也。孔子曰：「惟天爲〔一〕大，唯堯則之。蕩蕩乎，民無能名焉。」又曰：「無爲而治者，其舜也歟。」且經世以堯、舜爲祖，此豈有名有爲者耶？由無我方視天下皆我，故曰「堯、舜與人同耳」。以人皆同體，所不同者但有我私爲障礙耳。由人心同此心，心同則無形礙，故汲汲爲之教化，以經濟之。此所以由無我而經世也。老子則曰：「常善教人，故無棄人。」無棄人，則人皆可以爲堯、舜，是由無我方能利生也。若夫一書所言「爲而不宰」「功成不居」等語，皆以無爲爲經世之大用，又何嘗忘世哉？至若佛則體包虚空，用周沙界，隨類現身，乃曰：「我於一切衆生身中成等正覺。」又曰：「度盡衆生，方成佛道。」又曰：「若能使一衆生發菩提心，寧使我身受地獄苦，亦不疲厭。」然所化衆生豈不在世間耶？既涉世度生，非經世而何？且爲一人而不厭地獄之苦，豈非汲汲耶？若無一類而不現身，豈有一定之名耶？列子嘗云：「西方有大聖人，不言而信，無爲而化。」是豈有心要爲耶？是知三聖無我之體、利生之用皆同，但用處大小不同耳。以孔子匡持世道，姑從一身以及家國，後及天下，故化止於中國，且要人人做堯、舜，以所祖者堯、舜也。老子因見當時人心澆薄，故思復太古，以所祖者軒黄也，故件件説話不同尋常，因見得道大難容，故遠去流沙。若佛則教被三千世界，至廣至大，無所揀擇矣。若子思所讚聖人，乃曰「凡有血氣者，莫不尊親」，是知孔子體用未嘗不大，但局於時勢耳。正是隨機之法，故切近人情。此體用之辯也。惜乎後世學者各束於教，習儒者拘，習老者狂，學佛者隘。此學者之弊，皆執我之害也。果能力破我執，則剖破藩籬，即大家矣。

〔校〕〔一〕爲，原作惟，據《論語·泰伯》改。

## 發明歸趣

愚嘗竊謂孔聖若不知老子，決不快活；若不知佛，決不柰煩。老子若不知孔，決不口口説無爲而治；若不知佛，決不能以慈悲爲寶。佛若不經世，決不在世間教化衆生。愚意孔、老即佛之化身也。後世學佛之徒若不知老，則直管往虚空裏看將去，目前法法都是障礙，事事不得解脱；若不知孔子，單單將佛法去涉世，決不知世道人情，逢人便説玄妙，如賣死貓頭，一毫没用處。故祖師亦云：「説法不投機，終是閒言語。」所以《華嚴經》云「或邊地語說四諦」，此佛說法未嘗單誇玄妙也。然隨俗以度生，豈非孔子經世之心乎？又經云：「五地聖人，涉世度生，世間一切經書技藝、醫方雜論、圖書印璽，種種諸法，靡不該練，方能隨機。」故曰：「世諦語言，資生之業，皆順正法。」故儒以仁爲本，釋以戒爲本。若曰「孝悌爲仁之本」，與佛「孝名爲戒」，其實一也。以此觀之，佛豈絕無經世之法乎？由孔子攘夷狄，故教獨行於中國。佛隨邊地語說四諦，故夷狄皆從其化。此所以用有大小不同耳。是知三教聖人所同者心，所異者跡也。以跡求心，則如蠡測海；以心融跡，則似芥含空。心跡相忘，則萬派朝宗，百川一味。

# 道德經解上篇

道可道，非常道。名可名，非常名。無名，天地之始。有名，萬物之母。故常無，欲以觀其妙。常有，欲以觀其徼。此兩者同，出而異名，同謂之玄。玄之又玄，衆妙之門。一章

此章總言道之體用，及入道工夫也。老氏之學，盡在於此。其五千餘言所敷演者，唯演此一章而已。所言「道」，乃真常之道。「可道」之「道」，猶言也。意謂真常之道，本無相無名，不可言説。凡可言者，則非真常之道矣，故非常道。且道本無名，今既强名曰道，是則凡可名者，皆假名耳，故非常名。此二句，言道之體也。然無相無名之道，其體至虚，天地皆從此中變化而出，故爲天地之始。斯則無相無名之道體，全成有相有名之天地，而萬物盡從天地陰陽造化而生成。此所謂「一生二，二生三，三生萬物」，故爲萬物之母。此二句，言道之用也。此下二句，乃入道之工夫。常，猶尋常也。欲，猶要也。老子謂：「我

尋常日用安心於無，要以觀其道之妙處。我尋常日用安心於有，要以觀其道之徼處。」徼，猶邊際也。意謂全虛無之道體，既全成了有名之萬物，是則物物皆道之全體所在，正謂一物一太極，是則只在日用目前，事事物物上，就要見道之實際，所遇無往而非道之所在。故莊子曰：「道在稊稗，道在屎尿。」如此深觀，纔見道之妙處。此二「觀」字最要緊。「此兩者同」已下，乃釋疑顯妙。老子因上説觀無觀有，恐學人把「有」「無」二字看做兩邊，故釋之曰「此兩者同」，意謂我觀無，不是單單觀無，以觀虛無體中而含有造化生物之妙；我觀有，不是單單觀有，以觀萬物象上而全是虛無妙道之理，是則有無並觀，同是一體，故曰「此兩者同」。恐人又疑兩者既同，如何又立「有」「無」之名，故釋之曰「出而異名」，意謂虛無道體既生出有形天地萬物，而有不能生有，必因無以生有；無不自無，因有以顯無，此乃有無相生，故二名不一，故曰「出而異名」。至此恐人又疑既是有無對待，則不成一體，如何謂之妙道，故釋之曰「同謂之玄」，斯則天地同根，萬物一體。深觀至此，豈不妙哉？老子又恐學人工夫到此，不能滌除玄覽，故又遣之曰「玄之又玄」，意謂雖是有無同觀，若不忘心忘跡，雖妙不妙。殊不知大道體中，不但絕有無之名，抑且離玄妙之跡，故曰「玄之又玄」。工夫到此，忘懷泯物，無往而不妙，故曰「衆妙之門」，斯乃造道之極也。似此一段工夫，豈可以區區文字者也之乎而盡之哉？此愚所謂須是靜工純熟，方見此中之妙耳。

天下皆知美之爲美，斯惡已；皆知善之爲善，斯不善已。故有無相生，難易相成。長短相形，高下相傾。音聲相和，前後相隨。是以聖人處無爲之事，行不言之教。萬物作焉而不辭，生而不有，爲而不恃，功成而不居。夫惟不居，是以不去。二章

此釋前章「可名，非常名」，以明世人居有爲之跡，虛名不足尚；聖人處無爲之道以御世，功不朽而真名常存之意也。意謂天下事物之理，若以大道而觀，本無美與不美，善與不善之跡。良由人不知道，而起分別取捨好尚之心，故有美惡之名耳。然天下之人，但知適己意者爲美，殊不知在我以爲美，自彼觀之，則又爲不美矣。譬如西施顰美，東施愛而效之，其醜益甚。此所謂「知美之爲

美，斯惡已」。惡，醜也。又如比干，天下皆知爲賢善也，紂執而殺之。後世效之以爲忠，殺身而不悔。此所謂「知善之爲善，斯不善已」。此皆尚名之過也。是則善惡之名，因對待而有。故名則有無相生，事則難易相成，物則長短相形，位則高下相傾，言則音聲相和，行則前後相隨，此乃必然之勢。譬如世人以尺爲長，以寸爲短。假若積寸多於尺，則又名寸爲長，而尺爲短矣。凡物皆然，斯皆有爲之跡耳。凡可名者，皆可去。此所謂「名可名，非常名」也。是以聖人知虛名之不足尚，故處無爲之道以應事；知多言之不可用，故行不言之教以化民。如天地以無心而生物，即萬物皆往資焉，不以物多而故辭。雖生成萬物，而不以萬物爲己有；雖能生物，而不自恃其能。且四時推移，雖有成物之功，功成而不居。夫惟不居其功，故至功不朽；不尚其名，故真名常存。聖人處無爲之道，亦由是也。蓋「萬物作焉」已下，皆是説天地之德，以比聖人之德。

文意雙關，莊子釋此意極多。

不尚賢，使民不争。不貴難得之貨，使民不爲盜。不見可欲，使心不亂。是以聖人

之治，虛其心，實其腹，弱其志，强其骨。常使民無知無欲，使夫知者不敢爲也。爲無爲，則無不治。三章

此言世人競有爲之跡，尚名好利嗜欲之害，教君人者治之之方。以釋上章「處無爲之事，行不言之教」之實效也。蓋尚賢，好名也。名，争之端也。故曰「争名於朝」。若上不好名，則民自然不争。貴難得之貨，好利也。利，盜之招也。若上不好利，則民自然不爲盜。故曰「苟子之不欲，雖賞之不竊」。所以好名好利者，因見名利之可欲也，故動亂其心以争競之。若在上者苟不見名利有可欲，則民亦各安其志，而心不亂矣。故曰「不見可欲，使心不亂」。然利，假物也。人以隋珠爲重寶，以之投雀，則飛而去之。色，妖態也。人以西施爲美色，麋鹿則見而驟之。名，虛聲也。人以崇高爲貴名，許由則避而遠之。食，爽味也。人以太牢爲珍羞，海鳥則觴而悲之。是則財色名食，本無可欲，而人欲之者，蓋由人心妄想思慮之過也。是以聖人之治，教人先斷妄想思慮之心，此則拔本塞源，故曰「虛其心」。然後使民安飽自足，心無外慕，故曰「實其

腹」。然而人心剛强好争者，蓋因外物誘之，而起奔競之志也。故小人雞鳴而起，孳孳爲利；君子雞鳴而起，孳孳爲名，此强志也。然民既安飽自足，而在上者則以清淨自正，不可以聲色貨利外誘民心，則民自絶貪求，不起奔競之志，其志自弱，故曰「弱其志」。民既無求，則使之以鑿井而飲，耕田而食，自食其力，故曰「强其骨」。如此則常使民不識不知，而全不知聲色貨利之可欲，而自然無欲矣，故曰「常使民無知無欲」。縱然間有一二黠滑之徒，雖知功利之可欲，亦不敢有妄爲攘奪之心矣，故曰「使夫知者不敢爲也」。如上所言，乃不言之教，無爲之事也。人君苟能體此而行，以治天下，則天下無不治者矣。故結之曰：「爲無爲，則無不治。」老子文法極古，然察其微意，蓋多述古，或述其行事，或述其文辭，似此「爲無爲，則無不治」，乃述上古聖人之行事者。至若「是謂」等語，皆引古語以證今意，或以己意而釋古語者。且其文法機軸，全在結句，是一篇主意。蓋結句即題目也。讀者知此，則思過半矣。至其句法，有一字一句，二字一句，三字一句者極多。人不知此，都連牽讀去，不但不得老子立言之妙，而亦不知文章之妙也。

道沖，而用之或不盈。淵兮，似萬物之宗。挫其銳，解其紛。和其光，同其塵。湛兮，似或存。吾不知誰之子，象帝之先。四章

此讚道之體用微妙，而不可測知也。沖，虛也。盈，充滿也。淵，靜深不動也。宗，猶依歸也。謂道體至虛，其實充滿天地萬物，但無形而不可見，故曰「用之或不盈」。道體淵深寂漠，其實能發育萬物，而爲萬物所依歸，但生而不有，爲而不宰，故曰「似萬物之宗」。或、似，皆不定之辭。老子恐人將言語爲實，不肯離言體道，故以此等疑辭以遣其執耳。銳，即剛勇精銳。謂人剛銳之志，勇銳之氣，精銳之智，此皆無物可挫，唯有道者能挫之，故曰「挫其銳」。如子房之博浪，其剛勇可知；大索天下而不得，其精銳可知，此其無可挫之者，唯見挫於圯上老人一草履耳。由子房得此而進之於漢，卒以無事取天下。吾意自莊周以下，而功名之士，得老氏之精者，唯子房一人而已。以此較之，周善體而良善用，方朔得之，則流爲詭矣。其他何足以知之。紛，謂是非紛擾。即百

氏衆口之辯也。然各是其是，各非其非，此皆無人解之者。唯有道者，以不言之辯而解之。所謂「大辯若訥」。以道本無言，而是非自泯，故曰「解其紛」。和，混融也。光，智識衒耀於外。即所謂「飾智驚愚，修身明汙」者，是也。唯有道者，韜光内照，光而不耀。所謂「衆人昭昭，我獨若昏。衆人察察，我獨悶悶」，故曰「和其光」。與俗混一而不分，正謂「呼我以牛，以牛應之；呼我以馬，以馬應之」，故曰「同其塵」。然其道妙用如此，變化無方，而其體則湛然不動，雖用而無跡，故曰「湛兮，或存」。要妙如此，而不知其所從來，故曰「吾不知誰之子」。且而不是有形之物，或象帝之先耶？帝，即天帝。象，或似也。愚謂此章讚道體用之妙，且兼人而釋者。蓋老子凡言道妙，全是述自己胸中受用境界，故愚亦兼人而解之。欲學者知此，可以體認做工夫，方見老子妙處，字字皆有指歸，庶不爲虛無孟浪之談也。

天地不仁，以萬物爲芻狗。聖人不仁，以百姓爲芻狗。天地之間，其猶橐籥乎。虛而不屈，動而愈出。多言數窮，不如守中。五章此言天地之道，以無心而成物；聖人之道，以忘言而體玄也。仁，好生愛物之心。蒭狗，乃縛蒭爲狗，以用祭祀者。且天地、聖人，皆有好生愛物之仁，而今言不仁者，謂天地雖是生育萬物，不是有心要生，蓋由一氣當生，不得不生，故雖生而不有。譬如蒭狗，本無用之物，而祭者當用，不得不用，雖用而本非有也，故曰「天地不仁，以萬物爲蒭狗」。聖人雖是愛養百姓，不是有心要愛，蓋由同體當愛，不得不愛，雖愛而無心。譬如蒭狗，雖虛假之物，而尸之者當重，不得不重，雖重而知終無用也，故曰「聖人不仁，以百姓爲蒭狗」。猶，似也。橐，即皮鞴，乃鼓風鑄物之器。籥，即管籥，乃承氣出音之器。屈，枉己從人之意。動，猶感觸也。謂橐、籥二物，其體至虛而有用，未嘗恃巧而好爲。故用不爲伸，不用則虛以自處，置之而亦不自以爲屈，故曰「虛而不屈」。且人不用則已，若用之，則觸動其機，任其造作而不休，故曰「動而愈出」。然道在天地，則生生而不已；道在聖人，則既已爲人己愈有，既已與人己愈多。大道之妙如此。惜乎談道者，不知虛無自然之妙，方且衆口之辯說，説而不休，去道轉遠，故曰「多言數窮」。不若忘言以體玄，故曰「不若守中」。蓋守中，即進道之功夫也。

谷神不死，是謂玄牝。玄牝之門，是謂天地根。緜緜若存，用之不勤。六章

此言道體常存，以釋上章「虛而不屈，動而愈出」之意也。谷，虛而能應者。以譬道體至虛，靈妙而不可測，亘古今而長存，故曰「谷神不死」。且能生天生地，萬物生生而不已，故曰「是謂玄牝」。牝，物之雌者，即所謂「萬物之母」也。門，即出入之樞機。謂道爲樞機，萬物皆出於機，入於機，故曰「玄牝之門，是謂天地根」。緜，幽緜不絕之意。謂此道體至幽至微，緜緜而不絕，故曰「若存」。愈動而愈出，用之不竭，故曰「不勤」。凡有心要作，謂之勤。蓋道體至虛，無心而應用，故不勤耳。

天長地久。天地所以長且久者，以其不自生，故能長生。是以聖人後其身而身先，外其身而身存，非以其無私耶？故能成其私。七章

此言天地以不生故長生，以比聖人忘身故身存也。意謂世人各圖一己之私，以

爲久長計。殊不知有我之私者，皆不能長久也。何物長久，唯天地長久。然天地所以長久者，以其不自私其生，故能長生。其次則聖人長久，是以聖人體天地之德，不私其身以先人，故人樂推而不厭。故曰「後其身而身先」。聖人不愛身以喪道，故身死而道存。道存則千古如生，即身存也。故曰「外其身而身存」。老子言此，乃審問之曰：「此豈不是聖人以無私而返成其私耶？」且世人營營爲一身之謀，欲作千秋之計者，身死而名滅。是雖私，不能成其私，何長久之有？

上善若水。水善，利萬物而不爭。處衆人之所惡，故幾於道矣。居善地，心善淵，與善仁，言善信，政善治，事善能，動善時。夫惟不爭，故無尤。八章

此言不爭之德，無往而不善也。上，最上。謂謙虚不爭之德最爲上善，譬如水也，故曰「上善若水」。水之善，妙在利萬物而不爭。不爭，謂隨方就圓，無可不可，唯處於下。然世人皆好高而惡下，唯聖人處之，故曰「處衆人之惡，故幾於道」。幾，近也。由聖人處謙下不爭之德，故無往而不善。居則止於至善，

故曰「善地」。心則淵靜深默，無往而不定，故曰「善淵」。與，猶相與。謂與物相與，無往而非仁愛之心，故曰「與善仁」。言無不誠，故曰「善信」。爲政不争，則行其所無事，故曰「善治」。爲事不争，則事無不理，故曰「善能」。不争，則用捨隨時，迫不得已而後動，故曰「善時」。不争之德如此，則無人怨，無鬼責。故曰「夫惟不争，故無尤」矣。

持而盈之，不如其已。揣而鋭之，不可長保。金玉滿堂，莫之能守。富貴而驕，自遺其咎。功成名遂身退，天之道。九章

此言知進而不知退者之害，誡人當知止可也。「持而盈之，不如其已」者，謂世人自恃有持滿之術，故貪位慕禄，進進而不已。老子意謂雖是能持，不若放下休歇爲高，故不如其已。倘一旦禍及其身，悔之不及。即若李斯臨刑，顧謂其子曰：「吾欲與若復牽黄犬，出上蔡東門逐狡兔，豈可得乎？」此蓋恃善持其盈而不已者之驗也。故云「知足常足，終身不辱。知止常止，終身不恥」，此之謂也。「揣而鋭之，不可長保」者，揣，揣摩。鋭，精其智思。如蘇、張善揣摩之

術者是也。謂世人以智巧自處，恃其善於揣摩，而更益其精鋭之思，用智以取功名，進進而不已。老子謂雖是善能揣摩，畢竟不可長保。如蘇、張縱横之術，彼此相詐，不旋踵而身死名滅，此蓋揣鋭之驗也。如此不知止足之人，貪心無厭，縱得金玉滿堂，而身死財散，故曰「莫之能守」。縱然位極人臣，而驕泰以取禍，乃自遺其咎。此蓋知進不知退者之害也。人殊不知天道惡盈而好謙，獨不見四時乎？成功者退。人若功成名遂而身退，此乃得天之道也。

載營魄，抱一能無離乎？專氣致柔，能如嬰兒乎？滌除玄覽，能無疵乎？愛民治國，能無爲乎？天門開闔，能無雌乎？明白四達，能無知乎？生之畜之，生而不有，爲而不恃，長而不宰，是謂玄德。十章

此章教人以造道之方，必至忘知絶迹，然後方契玄妙之德也。載，乘也。營，舊註爲魂。《楚辭》云：「魂識路之營營。」蓋營營猶言惺惺，擾動貌。然魂動而魄静，人乘此魂魄而有思慮妄想之心者，故動則乘魂，營營而亂想；静則乘魄，昧昧而昏沈。是皆不能抱一也。故《楞嚴》曰「精神魂魄，遞相離合」，是也。

今抱一者，謂魂魄兩載，使合而不離也。魂與魄合，則動而常靜，雖惺惺而不亂想；魄與魂合，則靜而常動，雖寂寂而不昏沈。道若如此，常常抱一而不離，則動靜不異，寤寐一如。老子審問學者做工夫能如此乎。乎者，責問之辭。專氣致柔。專，如專城之專，謂制也。然人賴氣而有生，以妄有緣氣，於中積聚，假名爲心。氣隨心行，故心妄動則氣益剛，氣剛而心益動，所謂「氣壹則動志」。學道工夫，先制其氣，不使妄動以薰心；制其心，不使妄動以鼓氣。心靜而氣自調柔，工夫到此，則怒出於不怒矣。如嬰兒號而不嗄也。故老子審問其人之工夫能如此乎。「滌除玄覽」，玄覽者，謂前抱一、專氣工夫，做到純熟，自得玄妙之境也。若將此境覽在胸中，執之而不化，則返爲至道之病。只須將此亦須洗滌，淨盡無餘，以至於忘心絕迹，方爲造道之極。老子審問能如此乎。此三句，乃入道工夫，得道之體也。老子意謂道體雖是精明，不知用上何如，若在用上無迹，方爲道妙。故向下審問其用。然愛民治國，乃道之緒餘也。所謂「道之真以治身，其緒餘土苴以爲天下國家」，故聖人有天下而不與，愛民治國，可無爲而治。老子審問能無爲乎。若不能無爲，還是不能忘迹，雖妙而不妙也。天門，指天機而言。開闔，猶言出入應用之意。雌，物之陰者。蓋陽施而陰受，乃留藏之意。蓋門有虛通出入之意。而人心之虛靈，所以應事接物，莫不由此天機發動。蓋常人應物，由心不虛，凡事有所留藏，故心日茆塞。莊子謂「室無空虛，則婦姑勃谿；心無天遊，則六鑿相攘」，此言心不虛也。然聖人用心如鏡，不將不迎，來無所粘，去無蹤跡。所謂「應而不藏」，此所謂「天門開闔而無雌」也。老子審問做工夫者能如此乎。明白四達，謂智無不燭也。然常人有智，則用智於外，衒耀見聞。聖人智包天地，而不自有其知，謂含光内照，故曰「明白四達而無知」。老子問人能如此乎。然而學道工夫做到如此，體用兩全，形神俱妙，可謂造道之極，其德至妙，可以合乎天地之德矣。且天地之德，生之畜之，雖生而不有，雖爲而不恃，雖長而不宰，聖人之德如此，可謂玄妙之德矣。

三十輻共一轂，當其無，有車之用。埏埴以爲器，當其無，有器之用。鑿户牖以爲

室，當其無，有室之用。故有之以爲利，無之以爲用。十一章

此言世人但知有用之用，而不知無用之用也。意謂人人皆知車轂有用，而不知用在轂中一竅。人人皆知器之有用，而不知用在器中之虛。人人皆知室之有用，而不知用在室中之空。以此爲譬，譬如天地有形也，人皆知天地有用，而不知用在虛無大道。亦似人之有形，而人皆知人有用，而不知用在虛靈無相之心。是知有雖有用，而實用在無也。然無不能自用，須賴有以濟之。故曰「有之以爲利，無之以爲用」。利，猶濟也。老氏之學，要即有以觀無。若即有以觀無，則雖有而不有。是謂道妙。此其宗也。

五色令人目盲，五音令人耳聾，五味令人口爽。馳騁田獵，令人心發狂。難得之貨，令人行妨。是以聖人爲腹不爲目，故去彼取此。十二章

此言物欲之害，教人離欲之行也。意謂人心本自虛明，而外之聲色飲食貨利，亦本無可欲，人以爲可欲而貪愛之，故眼則流逸奔色，而失其正見，故盲；耳則流逸奔聲，而失其真聞，故聾；舌則流逸奔味，而失其真味，故爽；心則流

逸奔境，而失其正定，故發狂；行則逐於貨利，而失其正操，故有妨，所謂「利令智昏」，是皆以物欲喪心，貪得而無厭者也。聖人知物欲之爲害。雖居五欲之中，而修離欲之行，知量知足。如偃鼠飲河，不過實腹而已。不多貪求，以縱耳目之觀也。諺語有之：「羅綺千箱，不過一暖。食前方丈，不過一飽。」其餘皆爲榮觀而已。故云「雖有榮觀，燕處超然」，「是以聖人爲腹不爲目」。去貪欲之害，而修離欲之行，故去彼取此。

寵辱若驚，貴大患若身。何謂寵辱若驚？寵爲下，得之若驚，失之若驚，是謂寵辱若驚。何謂貴大患若身？吾所以有大患者，爲吾有身。及吾無身，吾有何患。故貴以身爲天下，則可寄於天下。愛以身爲天下，乃可託於天下。十三章

此言名利之大害，教人重道忘身以袪累也。「寵辱若驚」者，望外之榮曰寵。謂世人皆以寵爲榮，卻不知寵乃是辱，以其若驚。驚，心不安貌。「貴大患若身」者，崇高之位曰貴，即君相之位。謂世人皆以貴爲樂，卻不知貴乃大患之若身。以身喻貴，謂身爲苦本，貴爲禍根，言必不可免也。此二句立定，向下徵而釋

之曰：何謂寵是辱之若驚耶？寵爲下，謂寵乃下賤之事耳。譬如僻倖之人，君愛之以爲寵也，雖巵酒臠肉必賜之，非此，不見其爲寵。及其賜也，必叩頭而噉之，將以爲寵。彼無寵者，則傲然而立。以此較之，雖寵實乃辱之甚也。豈非下耶？故曰「寵爲下」。且而未得之也，患得之；既得之也，患失之。是則競競得失於眉睫之間，其心未嘗暫自安。由此觀之，何榮之有？故曰「得之若驚，失之若驚」。此其所以寵是辱也。「貴大患若身」者，是以身之患，喻貴之患也。然身，乃衆患之本。既有此身，則飢寒病苦，死生大患，衆苦皆歸，必不可免。故曰「吾所以有大患者，爲吾有身」。無身，則無患矣。故曰「及吾無身，吾有何患」。然位，乃禍之基也。既有此位，則是非交謫，冰炭攻心，衆毀齊至，內則殘生傷性以滅身，外則致寇招尤以取禍，必不可逃。故曰「吾所以有大患者，爲吾有貴」。無貴，則無患矣。故曰「貴大患若身」。《筆乘》引王子搜「非惡爲君也，惡爲君之患」也。蓋言貴爲君人之患。莊子曰：「千金重利，卿相尊位也。子獨不見郊祀之犧牛乎。養食之數歲，衣以文繡，以入太廟。當是之時，雖欲爲狐豚，豈可得乎？」斯言貴爲卿相者之患。老子言苟知身爲大患不可免，則知貴爲大患，亦不可免也。然且世人不知貴爲大患，返以爲榮，愛身取貴，以致終身之累，皆非有道之所爲也。唯有道者，不得已而臨涖天下，不以爲己顯；雖處其位，但思道濟蒼生，不以爲己榮。此則貴爲天下貴，非一己之貴。如此之人，乃可寄之以天下之任。然有道者，處崇高之位，雖愛其身，不是貪位慕禄以自保，實所謂衛生存身以行道，是則愛身乃爲天下愛其身，非私愛一己之身。如此之人，乃可托以天下之權。若以此爲君，則無爲而治；以此爲臣，則功大名顯，故道爲天下貴也。故曰「貴以身爲天下，則可寄於天下。愛以身爲天下，乃可托於天下」。

視之不見，名曰夷。聽之不聞，名曰希。搏之不得，名曰微。此三者，不可致詰，故混而爲一。其上不皦，其下不昧。繩繩兮，不可名，復歸於無物。是謂無狀之狀，無象之象，是謂惚恍。迎之不見其首，隨之不見其後。執古之道，以御今之有。能知古始，是謂道紀。十四章此言大道體虛，超乎聲色名相思議之表，聖人執此以御世也。夷，無色也。故視之不可見。希，無聲也。故聽之不可聞。微，無相也。故摶之不可得。摶，取之也。此三者，雖有此名，其實不可致詰。致詰，猶言思議。由其道體混融而不可分，故爲一。其上日月不足以增其明，故不皦。皦，明也，其下幽暗不能以昏其體，故不昧。繩繩，猶「緜緜不絶」之意。謂道體雖緜緜不絶，其實不可名言。畢竟至虛，雖生而不有，故復歸於無物。杳冥之内，而至精存焉，故曰「無狀之狀」。恍惚之中，而似有物焉，故曰「無象之象，是謂惚恍」。此正《楞嚴》所謂「罔象虛無，微細精想」耳。由其此體，前觀無始，故迎之不見其首；後觀無終，故隨之不見其後。此乃古始之道也。上皆歷言大道之妙，下言得道之人。然聖人所以爲聖人者，蓋執此妙道以御世。故曰「執古之道，以御今之有」。吾人有能知此古始之道者，即是道統所係也。故曰「能知古始，是謂道紀」。紀，綱紀。謂統緒也。

古之善爲士者，微妙玄通，深不可識。夫惟不可識，故强爲之容。豫若冬涉川，猶若畏四隣。儼若客。渙若冰將釋，敦兮其若樸。曠兮其若谷，渾兮其若濁。孰能濁以靜之徐清，孰能安以久之徐生？保此道者不欲盈。夫惟不盈，故能敝不新成。十五章

此言聖人體道深玄，故形神俱妙。人能靜定虛心，則故有常存也。莊子謂「嗜欲深者天機淺」。蓋今世俗之人，以利欲熏心，故形氣穢濁麤鄙，固執而不化，不得微妙玄通，故天機淺露，極爲易見，殆非有道氣象，皆是不善爲士也。老子因謂古之善爲士者，不淺露易見，乃微妙玄通，深不可識。夫爲不可識，最難形容，特强爲之形容耳。然形容其行動也，豫若冬涉川，猶若畏四隣。猶豫，行不進貌。冬涉川，謂不敢遽進。畏四隣，謂不敢妄動。此乃從容不迫之意。其威儀也，儼若客。儼，謂肅然可觀。若客，謂謙退不敢直前。其氣也，渙若冰將釋。莊子謂「暖然似春」，又云「冰解凍釋」，謂其氣融和，使可親愛之意。其外貌也，敦兮其若樸。敦，敦厚。樸，無文飾也。其中心也，曠兮其若谷。曠，空也。谷，虛也。外體敦厚樸素，而中心空虛寂定也。其迹也，渾兮其若

濁。渾，與混同。謂和光同塵也。蓋有道之士，心空無著，故行動威儀，氣象體段，胸次悠然，微妙玄通之若此。所謂「孔德之容，惟道是從」，故可觀而不可識。世俗之人，以功名利祿交錯於前，故形氣穢濁，而不可觀。老子因而慜之曰：「孰能於此濁亂之中，恬退自養，靜定持心，久久而徐清之耶？」蓋心水汩昏，以靜定治之則清。所謂「如澄濁水，沙土自沈，清水現前，名爲初伏客塵煩惱」。不能頓了，故曰「徐清」。人皆競進於功利之間，老子謂孰能安定自守，久久待時而後生耶？生，乃發動，謂應用也，即「聖人迫不得已而後應」之意。《筆乘》謂老子文法多叶韻。蓋清、生、盈、成，一韻耳。若言徐動、徐應，則不叶矣。老子嗟歎至此，乃教之以守道之方，曰：「保此道者不欲盈」。盈，滿也。欲盈，乃貪得無厭、不知止足之意。謂世人但知汩汩於嗜欲，貪得不足。殊不知天道忌盈，滿則溢矣。所謂「持而盈之，不如其已」，故此教之以不欲盈也。後乃結示知足常足之意曰：「夫惟不盈，是以能敝不新成。」敝，故敝，物之舊者謂之敝。凡物舊者，最持久，能柰風霜磨折，而新成者雖一時鮮明，不久便見損壞。老子謂世人多貪好盈，雖一時榮觀快意，一旦禍及，則連本有皆失之矣。惟有道者，善知止足，雖無新成之名利，而在我故有現成之物，則可常常持之而不失矣。故曰「能敝不新成」。觀子房請留辟穀之事，可謂「能敝不新成」者，此余所謂子房得老之用也。

致虛極，守靜篤。萬物並作，吾以觀其復。夫物芸芸，各歸其根。歸根曰靜，靜曰復命。復命曰常，知常曰明。不知常，妄作凶。知常容，容乃公，公乃王，王乃天，天乃道，道乃久。没身不殆。十六章

此承上章要人作靜定功夫，此示功夫之方法也。「致虛極，守靜篤」者，致，謂推致推窮之意。虛，謂外物本來不有。靜，謂心體本來不動。世人不知外物本來不有，而妄以爲實。故逐物牽心，其心擾擾妄動，火馳而不返。見利亡形，見得亡真，故競進而不休，所以不能保此道也。今學道工夫，先要推窮目前萬物，本來不有。則一切聲色貨利，當體全是虛假不實之事。如此推窮，縱有亦無。一切既是虛假，則全不見有可欲之相。既不見可欲，則心自然不亂，而永

絶貪求，心閒無事。如此守静，可謂篤矣。故致虚要極，守静要篤也。老子既勉人如此做工夫，恐人不信，乃自出己意曰：「我之工夫亦無他術，唯只是萬物並作，吾以觀其復，如此而已。」並作，猶言並列於前也。然目前萬物本來不有，蓋從無以生有。雖千態萬狀，並列於前，我只觀得當體全無，故曰「萬物並作，吾以觀其復」。復，謂心不妄動也。向下又自解之曰：「夫物芸芸，各歸其根。」意謂目前萬物雖是暫有，畢竟歸無，故云「各歸其根」。根，謂根本元無也。物既本無，則心亦不有。是則物我兩忘，寂然不動，故曰「歸根曰静，静曰復命」。命，乃當人之自性，賴而有生者。然人雖有形，而形本無形。能見無形，則不獨忘世，抑且忘身。身世兩忘，則自復矣。故云「静曰復命」。性，乃真常之道也，故云「復命曰常」。人能返觀内照，知此真常妙性，纔謂之明，故云「知常曰明」。由人不知此性，故逐物忘生，貪欲無厭。以取戕生傷性亡〔一〕身敗家之禍，故曰「不知常，妄作凶」。人若知此真常之道，則天地同根，萬物一體，此心自然包含天地萬物，故曰「知常容」。人心苟能廣大如此，則民吾同胞，物吾與也，其心廓然大公，則全不見有我之私，故曰「容乃公」。此真常大道，人若得之於内，則爲聖；施之於外，則爲王，故曰「公乃王」。王乃法天行事，合乎天心，故曰「王乃天」。天法道，合乎自然，故曰「天乃道」。與天地參，故曰「道乃久」。人得此道，則身雖死而道常存，故曰「没身不殆」。殆，盡也。且此真常之道，備在於我，而人不知，返乃亡身殉物，嗜欲而不返，豈不謬哉？

〔校〕〔一〕亡，原作忘，據文義改。

太上，下知有之。其次親之譽之，其次畏之，其次侮之。故信不足焉，有不信。猶兮其貴言，功成事遂，百姓皆曰我自然。十七章

此言上古無知無識，故不言而信。其次有知有識，故欺僞日生。老子因見世道日衰，想復太古之治也。「太上，下知有之」者，謂上古洪荒之世，其民渾然無僞，與道爲一，全不知有。既而混沌日鑿，與道爲二，故知有之。是時雖知有，猶未離道，故知而不親。其世再下，民去道漸疏，始有親之之意。是時雖知道

之可親，但親於道，而人欲未流，尚無是非毁譽之事。其世再下，而人欲横流，盜賊之行日生。故有桀、跖之非毁，堯、舜之是譽。是時雖譽，猶且自信而不畏。其世再下，而人欲固蔽，去道益遠，而人皆畏道之難親。故孔子十五而志於學，至七十而方從心。即顔子好學，不過三月不違仁，其餘則日月至焉。可見爲道之難，而人多畏難而苟安也。是時雖畏，猶知道之不敢輕侮。其世再下，則人皆畔道而行，但以功名利禄爲重，全然不信有此道矣。老子言及至此，乃歎之曰：「此無他，蓋由在上者自信此道不足，故在下者不信之耳。」然民既已不信矣，而在上者，就當身體力行無爲之道，以啟民信，清淨自正，杜民盜賊之心，可也。不能如此，見民奸盜日作，猶且多彰法令，禁民爲非，而責之以道德仁義爲重，愈責愈不信矣。豈不謬哉？故曰「猶兮其貴言」。貴，重也。此上乃歷言世道愈流愈下，此下乃想復太古無爲之治，曰：「斯皆有爲之害也。安得太古無爲之治，不言而信，無爲而成，使其百姓日出而作，日入而息，鑿井而飲，耕田而食。人人功成事遂，而皆曰我自然耶？」蓋老氏之學，以内聖外王爲主，故其言多責爲君人者不能清靜自正，啟民盜賊之心。苟能體而行之，真可復太古之治。

大道廢，有仁義。智慧出，有大僞。六親不和，有孝慈。國家昏亂，有忠臣。十八章

此承上章言世道愈流愈下，以釋「其次親之譽之」之意也。大道無心愛物，而物物各得其所；仁義則有心愛物，即有親疏區別之分。故曰「大道廢，有仁義」。智慧，謂聖人治天下之智巧，即禮樂權衡斗斛法令之事。然上古不識不知，而民自樸素。及乎中古，民情日鑿，而治天下者，乃以智巧設法以治之。殊不知智巧一出，而民則因法作奸。故曰「智慧出，有大僞」。上古雖無孝慈之名，而父子之情自足。及乎衰世之道，爲父不慈者衆，故立慈以規天下之父；爲子不孝者衆，故立孝以教天下之子。是則孝慈之名，因六親不和而後有也。蓋忠臣以諫人主得名，上古之世，君道無爲，而天下自治，臣道未嘗不忠，而亦未嘗以忠立名。及乎衰世，人君荒淫無度，雖有爲而不足以治天下，故臣有殺身諫諍，不足以盡其忠者。是則忠臣之名，因國家昏亂而有也。此老子因見

世道衰微，思復太古之治，殆非憤世勵俗之談也。

絶聖棄智，民利百倍。絶仁棄義，民復孝慈。絶巧棄智，盜賊無有。此三者以爲文不足，故令有所屬。見素抱樸，少思寡欲。十九章

此承前章而言智不可用，亦不足以治天下也。然中古聖人，將謂百姓不利，乃爲斗斛權衡符璽仁義之事，將利於民，此所謂聖人之智巧矣。殊不知民情日鑿，因法作奸，就以斗斛權衡符璽仁義之事，竊以爲亂。方今若求復古之治，須是一切盡去，端拱無爲，而天下自治矣。且聖智本欲利民，今既竊以爲亂，反爲民害。棄而不用，使民各安其居，樂其業，則享百倍之利矣。且仁義本爲不孝不慈者勸，今既竊之以爲亂，苟若棄之，則民有天性自然之孝慈可復矣。此即莊子所謂「虎狼仁」也。意謂虎狼亦有天性之孝慈，不待教而後能，況其人爲物之靈乎？且智巧本爲安天下，今既竊爲盜賊之資，苟若棄之，則盜賊無有矣。然聖智仁義智巧之事，皆非樸素，乃所以文飾天下也。今皆去之，似乎於文則不足，於樸素則有餘。因世人不知樸素渾全之道，故逐逐於外物，故多思多欲。

今既去華取實，故令世人心志有所係屬於樸素之道。若人人果能見素抱樸，則自然少思寡欲矣。若知老子此中道理，只以《莊子·馬蹄》《胠篋》作注解，自是超足。

絕學無憂。唯之與阿，相去幾何？善之與惡，相去何若？人之所畏，不可不畏。荒兮，其未央哉。衆人熙熙，如享太牢，如登春臺。我獨泊兮其未兆，如嬰兒之未孩。乘乘兮，若無所歸。衆人皆有餘，而我獨若遺。我愚人之心也哉。沌沌兮，俗人昭昭，我獨若昏。俗人察察，我獨悶悶。澹兮其若海，飂兮似無所止。衆人皆有以，我獨頑且鄙。我獨異於人，而貴求食於母。二十章

此承前二章言聖智之爲害，不但不可用，且亦不可學也。然世俗無智之人，要學智巧仁義之事，既學於己，將行其志，則勞神焦思，汲汲功利，盡力於智巧之間。故曰「巧者勞而智者憂，無知者又何所求」。是則有學則有憂，絕學則無憂矣。然聖人雖絕學，非是無智，但智包天地而不用。順物忘懷，澹然無欲，故無憂。世人無智而好用，逐物忘道，汩汩於欲，故多憂耳。斯則憂與無憂，

端在用智不用智之間而已，相去不遠。譬夫唯之與阿，皆應人之聲也，相去能幾何哉？以唯敬而阿慢，憂與無憂，皆應物之心也，而聖凡相隔，善惡相反，果何如哉？此所謂「差之毫釐，失之千里」也。老子言及至此，恐世俗將謂絶學便是瞢然無知，故曉之曰：然雖聖人絶學，不是瞢然無知，其實未嘗不學也。但世俗以增長知見，日益智巧，馳騁物欲以爲學；聖人以泯絶知見，忘情去智，遠物離欲以爲學耳。且夫聲色貨利，皆傷生害道之物，世人應當可畏者，我則不可不畏懼而遠之。故曰「人之所畏，不可不畏」。苟不知畏，汩没於此，荒淫無度，其害非細。故曰「荒兮，其未央哉」。央，盡也。由是觀之，世人以增益知見爲學，聖人以損情絶欲爲學。所謂「爲學日益，爲道日損，損之又損，以至於無爲」耳。衆人忘道逐物，故汩汩於物欲之間，酷嗜無厭，熙熙然如享太牢之味，以爲至美，方且榮觀不休，如登春臺之望，以爲至樂。老子謂我獨離物向道，泊於物欲未萌之前，不識不知，超然無欲。故曰「我獨泊兮其未兆，若嬰兒之未孩」。兆，念之初萌也。嬰兒，乃無心識愛惡之譬。孩，猶骸骨之骸。未骸，所謂骨弱筋柔，乃至柔之譬。衆人見物可欲，故其心執著而不捨。老子謂我心無欲，了無繫累，泛然應物，虚心遊世，若不繫之舟。故曰「乘乘兮，若無所歸」。乘乘，猶泛泛也。衆人智巧多方，貪得無厭，故曰「有餘」。我獨忘形去智，故曰「若遺」。遺，猶忘失也。然我無知無我，豈真愚人之心也哉？但只渾渾沌沌，不與物辨，如此而已。故俗人昭昭，而我獨若昏。昭昭，謂智巧現於外也。俗人察察，而我獨悶悶。察察，即俗謂「分星擘兩絲毫不饒人」之意。昏昏、悶悶，皆無知貌。我心如此，澹然虚明，若海之空闊不可涯量；飂然無著，若長風之御太虚。衆人皆自恃聰明知見，各有所以。以，猶自恃也。我獨無知無欲，頑而且鄙，亦似庸常之人而已。然我所以獨異於人者，但貴求食於母耳。凡能生物者，謂之母。所生者，謂之子。且此「母」字，不可作「有名，萬物之母」的「母」字，此指虚無大道，能生天地萬物，是以道爲母，而物爲子。食，乃嗜好之意。衆人背道逐物，如棄母求食於子。聖人忘物體道，故獨求食於母。此正絕學之學。聖人如此，所以憂患不能入也。前章

「絶聖棄智」，乃無用之用；此章「絶學無憂」，乃無學之學；後章「孔德之容」一章，乃無形名之形名耳。

孔德之容，惟道是從。道之爲物，惟怳惟惚。惚兮怳，其中有象。怳兮惚，其中有物。窈兮冥，其中有精。其精甚真，其中有信。自古及今，其名不去，以閱衆甫。吾何以知衆甫之然哉，以此。二十一章

此章言道乃無形名之形名也。孔，猶盛也。謂道本無形，而有道之士，和氣集於中，英華發現於外，而爲盛德之容。且此德容，皆從道體所發，即是道之形容也。故曰「孔德之容，惟道是從」。然此道體本自無形，又無一定之象可見。故曰「道之爲物，惟怳惟惚」。怳惚，謂似有若無，不可定指之意。然且無象之中，似有物象存焉。故曰「惚兮怳，其中有象。怳兮惚，其中有物」。其體至深至幽，不可窺測。且此幽深杳冥之中，而有至精無妄之體存焉。故曰「杳兮冥，其中有精」。其精甚真，此正《楞嚴》所謂「唯一精真」，「精色不沈，發現幽祕，此則名爲，識陰區宇」也。學者應知。然此識體雖是無形，而於六根門頭，

應用不失其時。故曰「其中有信」。此上皆無形之形，下言無名之名。謂世間衆美之名自外來者，皆是假名無實，故其名易去。惟此道體有實有名，故自古及今，其名不去，以閱衆甫也。閱，猶經歷。甫，美也。謂衆美皆具。是以聖人功流萬世而名不朽者，以其皆從至道體中流出故耳。其如世間王侯將相之名，皆從人欲中來，故其功亦朽，而名亦安在哉？唯有道者，不期於功而功自大，不期於名而名不朽。是知聖人内有大道之實，外有盛德之容，衆美皆具，惟自道中而發也。故曰「吾何以知衆甫之然哉，以此」。

曲則全，枉則直。窪則盈，敝則新。少則得，多則惑。是以聖人抱一爲天下式。不自見故明，不自是故彰，不自伐故有功，不自矜故長。夫惟不争，故天下莫能與之争。古之所謂曲則全者，豈虚言哉。誠全而歸之。二十二章

此承前章言聖人所以道全德備衆美皆具者，蓋由虚心體道，與物無競，故衆德交歸也。曲，委曲，即「曲成萬物而不遺」之意。謂聖人委曲以御世，無一事不盡其誠，無一人不得其所。譬如陽春發育萬物，雖草芥毫芒，春氣無不充足。

若纖毫不到，則春氣不全。聖人之於人，無所不至。苟不曲盡其誠，則其德不全矣。故曰「曲則全」。「枉則直」者，屈己從人曰枉。直，伸也。謂聖人道高德盛，則大有徑庭，不近人情。若不屈己從人，俯循萬物，混世同波，則人不信。人不信，則道不伸，由人屈而道伸。故曰「枉則直」。「窪則盈」者，衆水所聚，地之最下者曰窪。譬如江海，最爲窪下，故萬派皆歸。而聖人之心至虛至下，故衆德交歸，德無不備。故曰「窪則盈」。「敝則新」者，衣之汙損曰敝。不敝，則不浣濯，不見其新，以其敝乃新耳。以譬聖人忘形去智，日損其知見，遠其物欲，洗心退藏於密。欲不敝，則道不新。故曰「敝則新」。聖人忘知絕學，專心於一，故於道有得。故曰「少則得」。世人多知多見，於道轉失。故曰「多則惑」。是以聖人因愍世人以多方喪道，故抱一爲天下學道之式。式，法也。智巧衒耀於外曰見。自見者不明，故不自見乃爲明耳。執己爲必當曰是，自是者不彰，故不自是乃彰耳。彰者，盛德顯於外也。誇功曰伐。自伐者無功，故不自伐乃有功耳。司馬遷嘗謂：「韓信假令學道謙讓，不伐己功，不矜其能，則庶幾於漢家動，可比周、召、太公之徒矣。」意蓋出此。恃己之能曰矜。長，才能也。自矜者不長，不自矜者乃長耳。此上四「不」字，皆不争之德也。惟聖人有之。故曰「夫惟不争，故天下莫能與之争」者，由其聖人委曲如此，故萬德交歸，衆美備具，故引古語以證之曰：「古之所謂曲則全者，豈虚言哉，誠全而歸之。」

希言自然。飄風不終朝，驟雨不終日。孰爲此者天地。天地尚不能久，而況於人乎？故從事於道者，道者同於道，德者同於德，失者同於失。同於道者、道亦樂得之。同於德者，德亦樂得之。同於失者，失亦樂得之。信不足，有不信。二十三章

此章言聖人忘言體道，與時俱化也。希，少也。希言，猶寡言也。以前云「多言數窮，不如守中」，由其勉强好辯，去道轉遠，不能合乎自然，惟希言者合乎自然耳。向下以「飄風不終朝，驟雨不終日」以比好辯者之不能久。然好辯者，蓋出憤激不平之氣，如飄風驟雨，亦乃天地不平之氣，非不迅激於人，特無終朝之久。且天地不平之氣，尚不能久，而況於人乎？此甚言辯之不足恃也。蓋

好辯者，只爲信道不篤，不能從事於道，未得玄同故耳。惟聖人從事於道，妙契玄同，無入而不自得。故在於有道者，則同於道；在於有德者，則同於德。失者，指世俗無道德者。謂至於世俗庸人，亦同於俗。即所謂「呼我以牛，以牛應之；呼我以馬，以馬應之」，無可不可。且同於道德，固樂得之；即同於世俗，亦樂而自得。此無他，蓋自信之真，雖不言，而世人亦未有不信者。且好辯之徒，嘵嘵多言，强聒而不休，人轉不信。此無他，以自信不足，所以人不信耳。

跂者不立，跨者不行。自見者不明，自是者不彰。自伐者無功，自矜者不長。其在道也，曰餘食贅行，行作形。物或惡之，故有道者不處也。二十四章

此承前章言好辯者不能持久，猶如跂跨之人不能立行，甚言用智之過也。跂，足根不著地也。跨，闊步而行也。蓋跂者止知要强高出人一頭，故舉踵而立。殊不知舉踵不能久立。跨者止知要强先出人一步，故闊步而行。殊不知跨步不能長行。以其皆非自然。以此二句爲向下「自見」「自是」「自伐」「自矜」之譬

喻耳。自見，謂自逞己見。自是，謂偏執己是。此一曲之士，於道必暗而不明。自伐，謂自誇其功。自矜，謂自恃其能。此皆好勝强梁之人，不但無功，而且速於取死。然此道中本無是事，故曰其在道也，如食之餘，如形之贅，皆人之所共惡。而有道之士，以謙虛自守，必不處此，故曰「有道者不處」，以其不能合乎自然也。

有物混成，先天地生。寂兮寥兮，獨立而不改，周行而不殆，可以爲天下母。吾不知其名，字之曰道，强爲之名曰大。大曰逝，逝曰遠，遠曰反。故道大，天大，地大，王亦大。域中有四大，而王處一焉。人法地，地法天，天法道，道法自然。二十五章

此承前言世俗之士，各以己見己是爲得，曾不知大道之妙，非見聞可及，故此特示大道以曉之也。「有物」者，此指道之全體，本來無名，故但云有一物耳。渾渾淪淪，無有絲毫縫隙，故曰「混成」。未有天地，先有此物，故曰「先天地生」。且無聲不可聞，無色不可見，故曰「寂寥」。超然於萬物之上，而體常不

變，故曰「獨立而不改」。且流行四時，而終古不窮，故曰「周行而不殆」。殆，窮盡也。天地萬物，皆從此中生，故曰「可以爲天下母」。老子謂此物至妙至神，但不知是何物，故曰「吾不知其名」，特字之曰道，且又强名之曰大道」耳。向下釋其「大」字。老子謂我説此「大」字，不是大小之大，乃是絶無邊表之大。往而窮之，無有盡處。故云「大曰逝」。向下又釋「逝」字。逝者，遠而無所至極也。故云「逝曰遠」。遠則不可聞見，無聲無色，非耳目之所到。故云「遠曰反」。反，謂反一絶跡。道之極處，名亦不立，此道之所以爲大也。然此大道，能生天生地，神鬼神王。是則不獨道大，而天地亦大。不獨天地大，而王亦大。故域中所稱大者有四，而王居其一焉。世人但知王大，而不知聖人取法於天地，此則天地又大於王。世人但知天地大，而不知天地自道中生，取法於道，此則道又大於天地也。雖然，道固爲大，而猶有稱謂名字。至若離名絶字，方爲至妙，合乎自然。故曰「道法自然」。且而大道之妙，如此廣大精微，而世人豈可以一曲之見，自見自是，以爲得哉？此其所以「自見者不明，自是者不彰」耳。

重爲輕根，靜爲躁君。是以聖人終日行，不離輜重。雖有榮觀，燕處超然。柰何萬乘之主，而以身輕天下。輕則失根，躁則失君。二十六章

此誡君人者，當知輕重動靜，欲其保身重命之意也。然「重」字指身，「輕」字指身外之物，即功名富貴，「靜」字指性命，「躁」字指嗜慾之情。意謂身爲生本，固當重者，彼功名利禄，聲色貨利，乃身外之物，固當輕者。且彼外物必因身而後有，故重爲輕之根。性爲形本，固至靜者。彼馳騁狂躁，甘心物慾，出於好尚之情者，彼必由性而發，故靜爲躁之君。世人不知輕重，故忘身徇物，戕生於名利之間。不達動靜，故傷性失真，馳情於嗜慾之境。惟聖人不然，雖終日行而不離輜重。輜重，兵車所載糧食者也。兵行而糧食在後，乃大軍之司命。雖千里遠行，深入敵國，戒其擄掠，三軍不致鼓噪以取敗者，賴其所保輜重也。聖人遊行生死畏途，不因貪位慕禄，馳情物慾，而取戕生傷性之害者，以其所保身心性命爲重也。故曰「不離輜重」。縱使貴爲天子，富有四海之榮

觀，但恬澹燕處，超然物慾之表。此其「堯、舜有天下而不與」也。柰何後之人主，沈瞑荒淫於聲色貨利之間，坌生傷性而不悟，是以物爲重而身爲輕也。故曰「身輕天下」。「柰何」者，怪歎之詞。物重則損生，故曰「輕則失根」。欲極則傷性，故曰「躁則失君」。君，謂性也。《莊子·養生》《讓王》，蓋釋此篇之意。子由本云「輕則失臣」，然「臣」字蓋亦指身而言。《齊物》以身爲臣妾，以性爲真君，源出於此。

善行無轍迹，善言無瑕讁，善計不用籌策，善閉無關鍵而不可開，善結無繩約而不可解。是以聖人常善救人，故無棄人。常善救物，故無棄物。是謂襲明。故善人者，不善人之師。不善人者，善人之資。不貴其師，不愛其資。雖智大迷，是謂要妙。二十七章

此言聖人善入塵勞，過化存神之妙也。轍迹，猶言痕迹。世人皆以人我對待，動與物競，彼此不忘，故有痕迹。聖人虛己遊世，不與物忤，任物之自然，所謂「忘於物者，物亦忘之」，彼此兼忘。此行之善者，故無轍迹。瑕讁，謂是非

辨别，指瑕謫疵之意。聖人無意必固我，因人之言，然然，不然不然，可可，不可不可，未嘗堅白同異。此言之善者，故無瑕謫。籌策，謂揣摩進退，算計得失利害之意。聖人無心御世，迫不得已而後應，曾無得失之心。然死生無變於己，而況利害之端乎？此計之善者，故不用籌策。關鍵，閉門之具，猶言機關也。世人以巧設機關，籠羅一世，將謂機密而不可破。殊不知能設之，亦有能破之者。歷觀古之機詐相尚之士，造爲勝負者，皆可破者也。唯聖人忘機待物，在宥羣生，然以道爲密，不設網羅，而物無所逃。此閉之善者，所謂「天下莫能破」，故無關鍵而不可開。繩約，謂繫屬之意。世人有心施恩，要以結屬人心。殊不知有可屬，亦有可解。然有心之德，使人雖感而易忘，所謂「賊莫大於德有心」。聖人大仁不仁，利澤施乎一世，而不爲己功，且無望報之心，故使人終古懷之而不忘。此結之善者，故無繩約而不可解。是以聖人處世，無不可化之人，有教無類，故無棄人。無不可爲之事，物各有理，故無棄物。物，猶事也。如此應用，初無難者，不過承其本明，因之以通其蔽耳。故曰「襲明」。襲，承也，猶因也。《莊子》庖丁游刃解牛，因其固然，動刀甚微，劃然已解。意出於此。觀留侯躡足附耳，因偶語而乞封，借四皓而定漢，以得老氏之用。故其因事處事，如此之妙，可謂善救者也。其他孰能與之。故世之善人，不善人之師。不善人，善人之資。由其飾智矜愚，修身明汙，故皆知師之可貴。擇類而教，樂得而育，故皆知資之可愛。若夫聖人爲舉世師保，而不知其師之可貴。化育億兆，而不知其資之可愛。所謂「兼忘天下易，使天下忘己難」，此雖在智者，猶太迷而不知，况淺識乎？斯所過者化，所存者神，是謂要妙。

知其雄，守其雌，爲天下谿。爲天下谿，常德不離，復歸於嬰兒。知其白，守其黑，爲天下式。爲天下式，常德不忒，復歸於無極。知其榮，守其辱，爲天下谷。爲天下谷，常德乃足，復歸於樸。樸散則爲器，聖人用之則爲官長。故大制不割。二十八章

此承上章行道之妙，而言聖人不以知道爲難，而以守道爲要妙也。古德云：「學道，悟之爲難；既悟，守之爲難。」然行道之妙，實出於守道之要耳。蓋此中

「知」字即悟也。「知雄守雌」者，物無與敵謂之雄，柔伏處下謂之雌。谿，乃窊下之地，衆水所歸之處也。嬰兒者，柔和之至也。前云「專氣致柔，能如嬰兒乎」，然氣雖勝物，物有以敵之；而道超萬物，物無與敵者，故謂之雄。聖人氣與道合，心超物表，無物與敵，而能順物委蛇，與時俱化，不與物競，故曰「知其雄，守其雌」。由守其雌，故衆德交歸，如水之就下，故爲天下谿也。由乎處下如谿，故但受而不拒，應而不藏，流潤而不竭，故曰「常德不離」。以入物而物不知，如嬰兒終日號而嗌不嗄，和之至也，以能勝物而不傷，故曰「復歸於嬰兒」。「知白守黑」者，白，謂昭然明白，智無不知之意。黑，昏悶無知之貌。式，謂法則。忒，差謬也。謂聖人智包天地，明並日月，而不自用其知，所謂「明白四達，能無知乎」，故曰「知其白，守其黑」。由其真知而不用其知，故無强知之過謬，故可爲天下式。然强知則有謬，謬則有所不知。既有所不知，則知不極矣。今知既無謬，則知無不極，故曰「復歸於無極」。「知榮守辱」者，榮，乃光榮貴高。辱，乃汙辱賤下。谷，乃虛而能應者也。樸，謂樸素，乃木之未雕斲也。謂聖人自知道光一世，德貴人臣，而不自有其德，乃以汙辱賤下，蒙恥含垢以守之，所謂「光而不耀」，仁常而不居者，虛之至也，故爲天下谷。由其虛，故常德乃足。德自足於中，則不緣飾於外，故復歸於樸素也。以虛而能應物，故樸散則爲器。聖人以此應運出世，則可以官天地，府萬物，故能範圍天地而不過，曲成萬物而不遺，化行於世而無棄人棄物，故曰「大制不割」。割，截斷也。不割者，不分彼此界限之意。

將欲取天下而爲之，吾見其不得已。天下神器，不可爲也。爲者敗之，執者失之。故物或行或隨，或呴或吹，或强或羸，或載或隳。是以聖人去甚，去奢，去泰。二十九章

此言聖人道全德備，應運出世，爲官爲長，當任無爲無事，而不可有爲太過也。由上章云「樸散則爲器，聖人用之則爲官長」，故老子因而誡之曰：「將欲取天下者，當任自然，不可有心爲之。而有心爲之者，吾見其必不可得已。」何也？且天下者大器，有神主之，豈可以人力私智取而奪之耶？故曰「不可爲也」。而爲

之者，必反敗之。縱爲而得之，亦不可執爲己有。而執之者，必反失之。故如强秦，力能併吞六國，混一天下，是爲之也。且誓云一世以至萬世，是執之也。故不旋踵而敗，二世而亡，豈非「爲者敗之，執者失之」之驗歟？然而所以敗之、失之者，以其所處過甚，而奢泰之極也。凡物極則反，此亦自然之勢耳。故物或行而在前，或復隨而在後，或呴而煖，或反吹而寒，或强而壯，或又尫羸而弱，或正載而成，或即隳頽而毁。此何以故？是皆用力過甚，而奢泰之極也。此皆聖人所不處。故曰「是以聖人去甚，去奢，去泰」。

以道佐人主者，不以兵强天下。其事好還。師之所處，荆棘生焉。大軍之後，必有凶年。善者果而已，不敢以取强。果而勿矜，果而勿伐，果而勿驕，果而不得已，果而勿强。物壯則老，是謂不道，不道早已。三十章

此承上言聖人不爲已甚，故誡之不可以兵强天下也。凡以兵强者，過甚之事也。勢極則反，故其事好還。師之所處，必蹂踐民物，無不殘掠，故荆棘生。大軍之後，殺傷和氣，故五穀疵癘而年歲凶，此必然之勢也。然於濟弱扶傾，除暴

救民，蓋有不得不用之者，惟在善用。善用者，果而已。已者，休也，止也。果，猶言結果，俗云「了事便休」，謂但可了事，令其平服便休，不敢以此常取强焉。縱能了事，而亦不可自伐其功，亦不可自矜其能，亦不可驕恃其氣到底，若出不得已，此所謂果而不可以取强也。取强者，速敗之道。且物壯甚則易老，况兵强乎？凡物恃其强壯而過動者，必易傷。如世人恃强而用力過者，必夭死於力；恃壯而過於酒色者，必夭死於酒色。蓋傷元氣也。元氣傷，則死之速。兵强亦然。故曰「是謂不道，不道早已」。已者，絶也。又已者，止也。言既知其爲不道，則當速止而不可再爲也。亦通。孟子言「威天下不以兵革之利」，其有聞於此乎。

夫佳兵者，不祥之器，物或惡之。故有道者不處。君子居則貴左，用兵則貴右。兵者不祥之器，非君子之器。不得已而用之。恬淡爲上，勝而不美，而美之者，是樂殺人。夫樂殺人者，不可以得志於天下矣。吉事尚左，凶事尚右。偏將軍居左，上將軍居右。言居上勢，則以喪禮處之。殺人衆多，以悲哀泣之。戰勝，以喪禮處之。

三十一章

此承上言「不以兵强天下」，故此甚言兵之不可尚也。佳兵，乃用兵之最精巧者，謂之佳兵。凡善用兵者，必甘心於殺人。兵益佳而禍益深，故爲不祥之器。歷觀古今善用兵者，不但不得其死，而多無後。此蓋殺機自絶，而造物或惡之者。以其詐變不正，好殺不仁，故有道者不處。不但有道者不處，而苟有仁心者，亦不處也。何以知其然耶？觀夫君子所居則以左爲貴，用兵則以右爲貴，然右乃凶地，由是而知兵者乃不祥之器，非君子之器也。萬一不得已而用之者，老子誡曰：「當以恬淡爲上。」恬淡者，言其心和平，不以功利爲美而厭飽之意。既無貪功欲利之心，則雖勝而不以爲美。縱不貪功利，而若以勝爲美者，亦是甘心樂於殺人。夫樂於殺人者，必不可使其得志於天下。所謂造物或惡之也。若使此輩得志於天下，將爲殘害而無涯量矣。且世之吉事必尚左，凶事則尚右。凶事，謂喪事也。所以用兵則貴右，言其可哀也。故兵家以偏將軍居左，以上將軍居右者，蓋上將軍司殺之重者。「言居上勢」者，則當以喪禮處之也。故殺人衆多，則當以悲哀泣之。即戰勝，亦當以喪禮處之。甚言其不得已而用之，即不得已而處之也。上二章，通言人臣不能以道佐人主，而返以兵爲强者，故切誡之。

道常無名。樸雖小，天下不敢臣。侯王若能守，萬物將自賓。天地相合，以降甘露。民莫之令而自均。始制有名。名亦既有，夫亦將知止。知止，所以不殆。譬道之在天下，猶川谷之於江海也。三十二章

此承上章「不以兵强天下」，因言人主當守道無爲，則萬物賓而四海服，天地合而人民和，自然利濟無窮也。常者，終古不變之義。凡有名者，必遷變。道之所以不變者，以其無名也。故曰「道常無名」。樸，乃無名之譬。木之未制成器者，謂之樸。若制而成器，則有名矣。小，猶眇小，謂不足視也。且如合抱之材，智者所不顧。若取徑寸以爲冠，則愚者亦尊焉。是以名爲大，而以無名爲小。甚言世人貴名，槩以樸爲不足視。故以道曰樸曰小也。然道雖樸小，而爲天地萬物之本。即愚夫愚婦，而亦知所尊。故曰「天下不敢臣」。但侯王不能守

耳。藉使侯王若能守，則萬物自然賓服矣，奚假兵力哉？然兵者凶器，未必賓服一國，且上干和氣，必有凶年。若以道服之，不但萬物來賓，抑且和氣致祥，天地相合，以降甘露。兵來未必盡和民人，若以道宥之，則民莫之令而自然均調，各遂其生。無名之樸，利濟如此，惜乎侯王不能守之善用耳。若散樸爲器，始制則有名矣。始，猶方纔也。謂樸本無名，方纔制作，則有名生焉。且從無名而有名，既有名，而名又有名，將不知其所止矣。莊子所謂「從有適有，巧曆不能得」。故曰「名亦既有」。而殉名者愈流愈下，逐末忘本，不知其返矣。故老子戒之曰：「夫名者，不可馳騖而不返，亦將知止而自足。苟不知止足，則危殆而不安。知止，所以不殆也。」由是而知道在天下，爲萬物之宗，流潤無窮，猶川谷之於江海也。然江海所以流潤於川谷，川谷無不歸宗於江海。以譬道散於萬物，萬物莫不賓服於大道。此自然之勢也。意明侯王若能守，其效神速如此。

知人者智，自知者明。勝人者有力，自勝者强。知足者富，强行者有志。不失其所

者久，死而不亡者壽。三十三章

此因上言侯王當守道無爲，故此教以守之之要也。「知人」者，謂能察賢愚，辨是非，司黜陟，明賞罰，指瑕摘疵，皆謂之智。但明於責人者，必昧於責己。然雖明於知人爲智，不若自知者明也。老子謂孔子曰：「聰明深察而近於死者，好議者也。博辯宏大而危其身者，好發人之惡也。去子之恭矜與智能，則近之矣。」謂是故也。莊子云：「所謂見見者，非謂見彼也，自見而已矣。所謂聞聞者，非謂聞彼也，自聞而已矣。」能自見自聞，是所謂「自知者明」也。世之力足以勝人者，雖云有力，但强梁者必遇其敵，不若自勝者强。然欲之伐性，殆非敵國可比也，力能克而自勝之，可謂真强。如傳所云「和而不流，中立而不倚」者，所謂「自强不息」者也。凡貪得無厭者，必心不足。苟不知足，雖尊爲天子，必務厚斂以殃民。雖貴爲侯王，必務强兵而富國。即縱適其欲，亦將憂而不足，故雖富不富。苟自知足，則鷦鷯偃鼠，藜藿不糝，抑將樂而有餘，此「知足者富」也。强志，好過於人者，未爲有志。惟强行於道德者，爲有志也。「所」者，如「北辰居其所」之「所」，又故有之義，蓋言其性也。孟子曰：「性者，故而已矣。」世人貪欲勞形，冀立久長之業，殊不知戕生傷性，旋踵而滅亡，誰能久哉？惟抱道凝神，而復於性真者，德光終古，澤流無窮，此所謂「不失其所者久」也。世人嗜味養生，以希壽考，殊不知厚味腐腸，氣憊速死，誰見其壽哉？惟養性復真，形化而性常存，入於不死不生，此所謂「死而不亡者壽」也。老子意謂道大無垠，人欲守之，莫知其向往。苟能知斯數者，去彼取此，可以入道矣。侯王知此，果能自知自勝，知足强行，適足以全性復真，將與天地終窮，不止賓萬物，調人民而已，又豈肯以蝸角相爭，以至戕生傷性者哉？

三十四章

大道氾兮，其可左右。萬物恃之以生而不辭，功成不名有，愛養萬物而不爲主，常無欲，可名於小。萬物歸焉而不爲主，可名爲大。是以聖人終不爲大，故能成其大。

此言道大無方，聖人心與道合，故功大無外，以實前「侯王能守」之效也。氾者，虛而無著之意。以道大無方，體虛而無繫著，故其應用無所不至。故曰「其可左右」。以體虛無物，故生物而不辭。以本無我，但任物自生，故生物功成而不名己有。以與物同體，故雖愛養萬物而不爲主。其體所以真常者，以其至淡無味，無可欲也。由無可欲，故不足視，似可名於小。若夫萬物歸焉而不爲主，則可名爲大矣。然小大因物以名之，道豈然耶？是以聖人忘形釋智，圖於至細，志與道合，終不爲大，故能成其大。若夫侯王專務於大，豈能成其大哉？言外之教，亦深切矣。

執大象，天下往。往而不害，安平泰。樂與餌，過客止。道之出口，淡乎其無味。視之不足見，聽之不足聞，用之不可既。三十五章

此明前章未盡之意也。無象謂之大象。大象無形，而能入衆形，有形者無不歸。聖人執無我以御天下，故天下莫不往，以其與物同體也。萬物恃之以生，故無往而不利，故云「往而不害」。然忘於物者，物亦忘之，故物各得其所而無不安。物物相忘而無競，故無不平。暖然如春，故無不泰。此所謂萬物賓，而天

地合，人民和，故聖人終不爲大，而能成其大也。前云道之所以常者，以其淡然無味，無可欲也。若夫樂之於耳，餌之於口，皆有味而可欲者。若張之於途，雖過客亦止之。然雖暫止，而不能久留，以其用之有盡，蓋不常也。若夫道之出口，則淡乎無味，不若餌之可欲。視之不足見，聽之不足聞，不若樂之可欲。此可名於小。然而其體真常，故用之不可既。既，盡也。故可名爲大。此大象之譬，以譬人君苟能執大象以御天下，恬淡無爲，雖無聲色以悦天下之耳目，無貨利以悦天下之心志，而天下歸往，樂推而不厭。此所謂「萬物歸焉而不爲主，可名爲大」也。如此用之，豈有盡耶？

將欲翕之，必固張之。將欲弱之，必固强之。將欲廢之，必固興之。將欲奪之，必固與之。是謂微明。柔弱勝剛强。魚不可脱於淵，國之利器不可以示人。三十六章

此言物勢之自然，而人不能察，教人當以柔弱自處也。天下之物，勢極則反。譬夫日之將昃必盛赫，月之將缺必極盈，燈之將滅必熾明，斯皆物勢之自然也。故固張者，翕之象也；固强者，弱之萌也；固興者，廢之機也；固與者，奪之

兆也。天時人事，物理自然，第人所遇而不測識，故曰「微明」。斯蓋「柔弱勝剛强」之義耳。譬夫淵爲魚之利處，但可潛形而不可脱，脱則塊然無能爲。柔弱爲國之利器，人主但可恭默自處，不可揭示於人，示人則致敵而招侮，將返見其不利也。夫是之謂微明。世之觀此章，皆謂老子用機智，大非本指。蓋老子所以觀天之道，執天之行是已，殆非機智之端也。

道常無爲，而無不爲。侯王若能守，萬物將自化。化而欲作，吾將鎮之以無名之樸。無名之樸，亦將不欲。不欲以静，天下將自正。三十七章

此教人君乘流救弊之意也。以其道常無爲而無不爲，故侯王但能守之者，而萬物不期化而自化矣。此言守道之效，神速如此。然理極則弊生，且而物之始化也皆無欲，化久而信衰情鑿，其流必至於欲心復作。當其欲作，是在人君善救其弊者，必將鎮之以無名之樸，而後物欲之源可塞也。若施之以有名，則不濟耳。然無名之樸，雖能窒欲，若執此而不化，又將爲動源矣。譬夫以藥治病，病去而藥不忘，則執藥成病。故云「無名之樸，亦將不欲」。此亦不欲，則可專

以靜而制羣動，無敢作者。故云「天下將自正」。「自正」者，謂不待正而自正矣。鎮，猶壓也。如石壓草，非不生也。蓋以無名之樸，鎮壓之而已。若欲樸之心，亦是欲機未絕，是須以靜制之，其機自息。機息則心定，而天下自正矣。故雖無名之樸，可用而不可執，況有名乎？

# 道德經解下篇

上德不德，是以有德。下德不失德，是以無德。上德無爲，而無以爲。下德爲之，而有以爲。上仁爲之，而無以爲。上義爲之，而有以爲。上禮爲之，而莫之應，則攘臂而仍之。故失道而後德，失德而後仁，失仁而後義，失義而後禮。夫禮者，忠信之薄，而亂之首也。前識者，道之華，而愚之始。是以大丈夫處其厚，不居其薄。處其實，不居其華。故去彼取此。三十八章

此言世降道衰，失真愈遠，教人當返其本也。所言道，乃萬物之本；德，乃成物之功。道爲體而德爲用。故道尊無名，德重無爲。故道言有無，而德言上下。此道、德之辨也。「上德」者，謂上古聖人，與道冥一，與物同體，雖使物各遂生，而不自有其德。以無心於德，故德被羣生，終古不忘。故云「上德不德，是以有德」。下德者，謂中古以下，不知有道，但知有德。故德出於有心，自不能忘，且有責報之心，物難感而易忘。故云「下德不失德，是以無德」。失，忘

也。以，恃也。然上德所以有德者，以德出無爲，功成事遂，而無恃爲之心，故云「無以爲」。下德所以無德者，以德出有心，而又矜功恃爲，故云「有以爲」。由是觀之，道無真僞，而德則有真有僞矣。此世數淳薄之辨也。德又下衰，上德不稱，而下德爲尊，於是始有仁義之名。然仁義皆出於下德，故皆不免有心爲之。但上仁雖爲，而無恃爲之心，故云「無以爲」。上義則恃之矣，故云「有以爲」。且仁義上者爲真，三王是已。下則爲假，五霸是已。故不足言。此又下衰，仁義之下，則禮爲上矣。禮則但以虛名相尚，不復知有仁義，故上禮爲之，有莫之應者。如孔子作《春秋》，雖正名分，而卒莫能正，此莫之應也。不唯不應，且將臂攘而仍之。此五霸之餘，戰國之習也。且彼既不知仁義，則必相因而報復之矣。仍，相因之意，又復也。此所以爲忠信之薄，而亂之首也。故其德下衰，至此已極，聖人亦無可爲天下之具矣。故失道而後德，失德而後仁，失仁而後義，失義而後禮，故禮乃忠信之薄，爲亂之首也。所以愈流愈下者，乃用智之過也。前識，猶言蚤智，謂明見利害於未然者。然蚤智在孔子，則爲周身之防，所謂「明哲保身」之意；其次則如范蠡、樂毅之儔，以爲避名全節之計；又其次則爲儀、秦縱横遊説之流矣。然在聖人，則謂之權；在樂、范，則謂之好高而務名。名者實之賓，故謂「道之華」。在儀、秦用之，則爲「愚之始」也。此所謂才智，君子用之則成名，小人用之則殺身，豈非「愚之始」耶？故太上以道德爲尊，而仁義次之。故大丈夫處厚而不處薄，務實而不務華，故去彼取此。

昔之得一者，天得一以清，地得一以寧，神得一以靈，谷得一以盈，萬物得一以生，侯王得一以爲天下正。其致之一也。天無以清，將恐裂。地無以寧，將恐發。神無以靈，將恐歇。谷無以盈，將恐竭。萬物無以生，將恐滅。侯王無以正，而貴高將恐蹶。故貴以賤爲本，高以下爲基。是以侯王自謂孤、寡、不穀。此其以賤爲本耶，非乎？故致數車無車。不欲琭琭如玉，落落如石。三十九章

此言道無爲而無不爲，以明無用之用爲大用。欲君人者，當以無爲而治也。一者，道之體也。其體至虚而無爲，精一無二。凡諸有爲，莫不以之爲本。以，

用也。意謂天地萬物皆以道體而爲本也。故天得之而清覆於上，地得之而寧載於下。神，指人心而言。謂人得之而爲萬物之靈。谷，即海也。海得之而容納百川，故長盈。萬物得之而各遂其生，侯王得之而爲天下正。正，猶長，所謂君長也。如此者，雖其跡不同，而推其本則一，故曰「其致之一也」。其下又返釋之曰：「天不得此，將恐分裂而不能圓覆於上矣。地不得此，將恐發動而不能寧載於下矣。人不得此，將恐生機休歇，而不能子子孫孫亹亹而無窮矣。萬物若不得此，將恐絶滅而無有矣。侯王若不得此，將恐顛蹶而不能安其貴高之位矣。」此老子主意，只重在「侯王無以正，而貴高將恐蹶」這一句，必欲人君當體道無爲而治耳。凡人聽其所用而從於人者，謂之下賤。此道之譬也。夫道本無名，故天地萬物皆得而用之，如人之下賤也。且侯王不得此道，而處貴高之位，將恐蹶，豈不以是而爲基本耶？故云「貴以賤爲本，高以下爲基」。且侯王自謂曰孤、寡、不穀，此三名者，皆賤者之稱也，而侯王以之，其意豈不是以賤爲本耶，非乎？所以稱此者，正欲人君忘其貴高之名，而體道凝神，知其無用爲用耳。且而侯王所以貴高者，以百官執事總之而爲君。若指其所用，而各有所事。至若人君，則無所用其事矣。所謂「臣道有爲，而君道無爲」也。若夫輪輻衡軛，會之而爲車。故數其車，則件件可數，其車則無可數矣。以無可數，故得車之用。是故侯王以無爲之道，而後方大有爲也。然道之在物，本無貴賤高下之分，故侯王當體道忘懷，不可執貴高之名，而取顛蹶之患。故誡之曰：「不欲琭琭如玉，落落如石。」謂不可視己琭琭如玉之貴，視物落落如石之賤也。苟忘貴賤之分，則人人皆爲我用矣。豈非無用之爲大用耶？

反者，道之動。弱者，道之用。天下之物生於有，有生於無。四十章

此承上章以明道爲天地萬物之本也。反者，道之體也。謂道體虛無至靜，爲羣動之主。世人衹知動之爲動，不知動處即靜。《易》云：「天下之動貞夫一者也。」以其羣動之動，皆自虛無至靜而發，不動而動，故云「反者道之動」也。然道體至虛，柔弱無用，而爲天下有用之本。世人衹知有用之用，不知無用之用爲大用也。故云「弱者，道之用」。是故世人衹知天下之物生於有，而不知有生於

無也。苟知有生於無，則自然不事於物，而能體道凝神矣。豈易得哉？

上士聞道，勤而行之。中士聞道，若存若亡。下士聞道，大笑之。不笑，不足以爲道。故建言有之：「明道若昧，進道若退。夷道若纇，上德若谷。大白若辱，廣德若不足。建德若偷，質貞若渝。大方無隅，大器晚成。大音希聲，大象無形。」道隱無名。夫惟道，善貸且成。四十一章

此言道出常情，而非下愚小智之所能知，必欲上根利智，可能入也。謂上根之人，志與道合，一有所聞，便身體而力行之。如顏子，聞者未嘗不知，知之未嘗不行。故曰「上士聞道，勤而行之」。若夫中人之資，則且信且疑，或日月至焉。故曰「若存若亡」。至若下根之士，即有所聞，了不相蒙，而且以爲怪，故大笑之矣。以道出常情，非愚所測，此輩不笑，不足以爲道。以其道與常情，每相反而已矣。何以知之？故古之建言者有云，「明道若昧」此下十二句，皆古之立言者之辭，老子引之，以明相反之意。謂小人用智恃知以爲能；聖人光而不耀，以有智而不用，故明道若昧。小人矜誇競躁；聖人以謙自守，以卑自牧，

故進道若退。世人崖嶷自高；聖人心與道合，同塵混俗，和而不同，故夷道若類。世人局量扁淺，一毫不容；聖人心包天地，德無不容，如海納百川，故上德若谷。小人内藏瑕疵，而外矯飾以爲潔；聖人純素貞白，一塵不染，而能納汙含垢，示同庸人，故大白若辱。小人一德不忘，必恃自多而責報於人；聖人德被羣生，而不以爲功，故廣德若不足。小人一善之長，必衒弄自售，欲求知於人；聖人潛行密用，凡有所施於人者，惟恐人之知己也。如泰伯三讓，民無德而稱。故建德若偷。小人隨時上下，見利而趨，望勢而變；聖人之心，貞介如玉，而不可奪，而能與世浮沈，變化無窮，無可不可，故質貞如渝。渝，變也。世人圭角自立，一定而不化；聖人心如太虛，無適不可，故大方無隅。隅，猶定向也。世人小智自用，以圖速效；聖人深畜厚養，藏器於身，待時而動，迫不得已而後應，乘運而出，必爲天下之利具，故大器晚成。所以然者，譬夫大音之希聲，大象之無形，殊非常情之所易見易聞，宜乎下士聞而大笑之也。以其世之所尚者名也，然道隱於無名，又豈常情所易知耶？所以聖人之廣大難測者，以其有大道也。夫惟道也，萬物皆往資焉而不匱，曲成萬物而不遺，故曰「善貸且成」。聖人如此，所以世人皆以大似不肖而輕笑之。然不笑，不足以爲道也。

道生一，一生二，二生三，三生萬物。萬物負陰而抱陽，沖氣以爲和。人之所惡，唯孤、寡、不轂，而王公以爲稱。故物或損之而益，或益之而損。人之所教，我亦教之。强梁者不得其死。吾將以爲教父。四十二章

此承前言道體沖虚，而爲天地萬物之本，誡人當以道爲懷，以謙自處也。謂道本無名，强名之一，故曰「道生一」。然天地人物，皆從此生，故曰「一生二，二生三，三生萬物」。是則萬物莫不負陰而抱陽也。所以得遂其生，不致夭折者，以物各含一沖虚之體也。和氣積中，英華昭著，秀實生成，皆道力也。故云「沖氣以爲和」。是則物物皆以沖虚爲本也。且沖虚柔弱，與物不類，似乎無用，人皆惡之而不取，殊不知無用之用爲大用也。即如世人之所惡者，唯孤、寡、不轂以爲不美，而王公返以此爲稱者，豈不以柔弱爲天下之利器耶？且孤、

寡、不穀，皆自損之辭也，然而侯王不自損，則天下不歸。故堯、舜有天下而不與，至今稱之，澤流無窮，此自損而人益之。故曰「或損之而益」。若夫桀、紂以天下奉一己，暴戾恣睢，但知有己，而不知有人。故雖有天下，而天下叛之，此自益者而人損之。故曰「或益之而損」。以人人皆具此道，但日用不知，須待教而後能。且人之所教者，我亦未嘗不教之也。惟人不善教人，祇知增益知見，使之矯矜恃氣，好爲强梁，殊不知强梁者不得其死。我唯教人以日損其欲，謙虚自守，以全沖和之德。是故吾將以爲教父，而風天下以謙虚之德也。

教父，猶木鐸意。

天下至柔，馳騁天下之至堅，無有入無間，吾是以知無爲之有益。不言之教，無爲之益，天下希及之。四十三章

此承上言無爲之益，以明不言之教也。然天下之至堅，非至柔不足以馳騁之。如水之穿山透地、浸潤金石是已。若以有入有，即相觸而有間。若以空入有，則細無不入。如虚空徧入一切有形，即纖塵芒芴，無所不入，以其虚也。若知

虛無之有用，足知無爲之有益矣。前云人不善教人者，以其有言也。有言則有跡，有跡則恃智，恃智則自多，自多者則矜能而好爲。凡好爲者必易敗。此蓋有言之教、有爲之無益也如此，則知不言之教、無爲之益，天下希及之矣。

名與身，孰親？身與貨，孰多？得與亡，孰病？甚愛必大費，多藏必厚亡。知足不辱，知止不殆，可以長久。四十四章

此言名利損生，誡人當知止足也。謂世人祇知名之可貪，故忘身以殉名。殊不知名乃身外之虛聲耳。與身較之，身親而名疏。故曰「孰親」。貨，利也。謂世人祇知利之可貪，故忘身以殉利。殊不知利乃身之長物耳。與身較之，身在則有餘。故曰「孰多」。世人不察，每役役於名利之間，貪得而無厭，戕生而傷性。與夫貪得而身亡，不若身存而遠害。故曰「得與亡孰病」。故凡愛之甚者，費必大；藏之多者，亡必厚。如以隋侯之珠，彈千仞之雀，雀未得而珠已失。此愛之甚，而不知所費者大矣。如斂天下之財，以縱鹿臺之欲，天下叛而臺已空。此藏之多，而不知所亡者厚矣。不唯愛者費而藏者亡，抑且身死名滅，國

危而不安。斯皆不知止足之過也。故知足則不辱，知止則不殆，即斯可以長久矣。噫，老氏此言，可謂破千古之重昏，啟膏肓之妙藥，昭然如揭日月於中天也。而人不察乎此，惜哉。

大成若缺，其用不敝。大盈若沖，其用不窮。大直若屈，大巧若拙，大辯若訥。躁勝寒，靜勝熱。清淨爲天下正。四十五章

此言聖人法天制用，與道爲一，故能勝物而物不能勝，以申明前章「不言之教，無爲之益」也。「大成若缺，其用不敝」者，若天地生物，曲成萬物而不遺，可謂成之大矣。然必春生而夏方長之，秋殺而冬方成之。以此觀之，似若有所缺。苟不如此，若一徑生長而無秋冬之肅殺，不但物不能成，而造物者亦將用之而敝矣。由其若缺，故所成者大，而其用不敝也。「大盈若沖，其用不窮」者，若陽和之氣，充塞天地，無處不至，無物不足，可謂盈矣。其體沖虛而不可見。若塊然可見，亦將用之有盡矣。由其若沖，故既已與人己愈有，既已爲人己愈多，故其用不窮也。「大直若屈」者，若一氣浩然，至大至剛，可謂直矣。然潛

伏隱微，委曲周匝，細入無間，故若屈。由若屈，故能伸其生意也。「大巧若拙」者，若天之生物，刻雕衆形而不見其巧，故云「若拙」。若恃其巧者，巧於此而拙於彼，則巧非大矣。「大辯若訥」者，上云「若缺」，則天地無全功，故人猶有所憾。然天何言哉，四時行焉，百物生焉。是則生物之功，不辯而自白矣。故曰「若訥」。是以天地不言而萬物成，聖人不言而教化行。以聖人法天制用，故以不言之教，無爲之化，似乎不勝，而物卒莫能勝之也。且躁能勝寒而不能勝熱，靜能勝熱而不能勝寒。斯皆有所勝，則有所不勝。是故聖人貴乎清淨爲天下正。此其不言之教，無爲之益，天下希及之矣。

天下有道，卻走馬以糞。天下無道，戎馬生於郊。罪莫大於可欲，禍莫大於不知足，咎莫大於欲得。故知足之足，常足。四十六章

此承上清淨無爲之益，甚言多欲有爲之害，以誡人君當以知足自守也。謂上古之世，有道之君，清淨無欲，無爲而化。故民安其生，樂其業，棄卻走馬而糞田疇，所以家給人足，而無不足者。及世衰道微，聖人不作，諸侯暴亂，各務

富國强兵，嗜欲無厭，争利不已，互相殺伐，故戎馬生於郊，以致民不聊生，奸欺並作。此無他，是皆貪欲務得，不知止足之過也。故天下罪之大者，莫大於可欲。以其戕生傷性，敗亂彝倫，以至君臣父子皆失其分者，皆見可欲之罪也。以致敗國亡家、覆宗滅族之禍者，皆不知止足所致也。由不知足，故凡見他人之所有，而必欲得之。然欲得之心，爲衆罪大禍之本。故咎之大者，莫大於欲得。欲得者，心不足也。古人云：「若厭於心，何日而足。」以貪得不止，終無足時。惟知足之足，無不足矣，故常足。

不出户，知天下。不窺牖，見天道。其出彌遠，其知彌少。是以聖人不行而知，不見而名，不爲而成。四十七章

此承上言聖人所以無爲而成者，以其自足於己也。謂聖人性真自足，則智周萬物，無幽不鑒。故天下雖大，可不出户而知；天道雖微，可不窺牖而見。以其私欲淨盡，而無一毫障蔽故也。若夫人者，沈瞑利欲，向外馳求，以利令智昏，故去性日遠，情塵日厚，塵厚而心益暗。故其出彌遠，其知彌少。是以聖人淡

然無欲，不事於物，故寂然不動，感而遂通天下之故。故曰「不行而知」。如此，則尸居而龍見，淵默而雷聲。故曰「不見而名」。道備於己，德被羣生，可不言而化。故曰「不爲而成」。是皆自足於性也。

爲學日益，爲道日損。損之又損，以至於無爲，無爲而無不爲。故取天下常以無事。及其有事，不足以取天下。四十八章

此承上言無爲之德，由日損之功而至也。爲學者，增長知見，故日益。爲道者，克去情欲，隳形泯智，故日損。初以智去情，可謂損矣。情忘則智亦泯，故又損。如此則心境兩忘，私欲淨盡，可至於無爲。所謂「我無爲而民自化」。民果化，則無不可爲之事矣。此由無爲而後可以大有爲，故無不爲。是故取天下者，貴乎常以無事也。無事，則無欲。我無欲，而民自正。民自正，而天下之心得。天下之心得，則治國如視諸掌，此所以無事足以取天下也。若夫有事則有欲，有欲則民擾，民擾則人心失。人心既失，則衆叛親離，此所以有事不足以取天下也。無爲之益，天下希及之者，此耳。舊注取字訓爲，攝化之意。應如《春

秋》取國之取，言得之易也。

聖人無常心，以百姓心爲心。善者，吾善之；不善者，吾亦善之。德善矣。信者，吾信之；不信者，吾亦信之。德信矣。聖人之在天下，惵惵爲天下渾其心。百姓皆注其耳目，聖人皆孩之。四十九章

此言聖人不言之教，無心成化，故無不可教之人也。常者，一定不移之意。謂聖人之心，至虛無我，以至誠待物，曾無一定之心，但以〔一〕百姓之心爲心耳。以聖人復乎性善，而見人性皆善。故善者固已善之，即不善者亦以善遇之。彼雖不善，因我以善遇之，彼將因我之德所感，亦化之而爲善矣。故曰「德善」。以聖人至誠待物，而見人性皆誠。故信者固已信之，即不信者亦以信待之。彼雖不信，因我以信遇之，彼將因我之德所感，亦化之而爲信矣。故曰「德信」。以天下人心不古，日趨於澆薄，聖人處其厚而不處其薄，汲汲爲天下渾厚其心。惵惵，猶汲汲也。「百姓皆注其耳目」者，謂注目而視，傾耳而聽，司其是非之昭昭。聖人示之以不識不知，無是無非，渾然不見有善惡之跡，一

皆以淳厚之德而遇之，若嬰孩而已。故曰「皆孩之」。若以嬰孩待天下之人，則無一人可責其過者。聖人之心如此，所以不言而信，無爲而化，則天下無不可教之人矣。

〔校〕〔一〕以，原作無，據文義改。

出生入死，生之徒十有三，死之徒十有三。人之生動之死地者，亦十有三。夫何故？以其生生之厚。蓋聞善攝生者，陸行不遇兕虎，入軍不避甲兵。兕無所投其角，虎無所措其爪，兵無所容其刃。夫何故？以其無死地。五十章

此言聖人所以超乎生死之外者，以其澹然無慾，忘形之至，善得無生之理也。「出生入死」者，謂死出於生也。言世人不達生本無生之理，故但養形以貪生，盡爲貪生以取死。是所以入於死者，皆出於生也，大約十分而居其九，而不屬生死者，唯有一焉，而人莫之知也。「生之徒」者，養形壽考者也。「死之徒」者，汩欲忘形，火馳而不返者也。「動之死地」者，嗜欲戕生，無所避忌者也。舉世之人，盡此三種，而皆不免入於死者，以其出於貪生也。何所以故？以其

生生之厚耳。是皆但知養生，而不知養生之主。苟不知養生之主，皆爲不善養生者也。攝，養也。蓋聞善養生者，不養其生，而養其生之主。然有其生者，形也。主其生者，性也。性爲生主。性得所養，而復其真，則形骸自忘。形忘則我自空，我空則無物與敵。故陸行不遇兕虎，入軍不避甲兵。色欲伐性，甚於兕虎甲兵也。以無我故，縱遇之而亦無可傷，故兕無所投其角，虎無所措其爪，兵亦無所容其刃矣。夫何故？以其無死地焉。是知我者生之寄，生者死之地也。無我無生，又何死之有？孔子曰：「未知生，焉知死。」是知生本無生，則知死亦不死，此所以貴朝聞道而夕死可矣。非超乎生死之外者，不易致此。

道生之，德畜之，物形之，勢成之。是以萬物莫不尊道而貴德。道之尊，德之貴，夫莫之命而常自然。故道生之畜之，長之育之，成之孰之，養之覆之。生而不有，爲而不恃，長而不宰，是謂玄德。五十一章

此言道德爲萬物之本，欲人體道虛懷，而造乎至德也。然道爲天地根，故萬物非道不生。且道但能生之而已，然非德不畜。畜，長養也。如陽和之氣，含有

而培養之，皆其德也。故道德無形，乃因物以形。形，猶見也。苟不知道德之大，但即物而觀，可知已。故曰「物形之」。且道之生物，唯一氣流行。苟無四時寒暑之序，生殺之勢，則雖生之畜之，而亦不能成熟之也。所以成萬物者，又因其勢也。勢者，淩逼之意。若夫春氣逼物，故物不得不生。秋氣逼物，故物不得不成。此其皆以勢成之也。觀其成物之功，故知其道，無位而尊，無名而貴。所以如此尊貴者，乃道體之自然，又非有以命之者。故曰「莫之命而常自然」。若侯王之尊，則受命於天。卿相之貴，則受命於君。故凡稟命而得之者，亦可奪而失之也。豈常然耶？以道德乃天然尊貴，故莫之命而常自然耳。所以常然而不失者，以其體至虛，故其用至大，所以萬物賴之以生長之。既生長而又含育之，既育而又成熟之，既成熟而又愛養以覆護之，此所謂成始成終，而道德之量何如耶？且如此生之，生生不已，而不自有其生。如此作爲，以成熟之，而不自恃其爲。雖爲萬物之主，而不自以爲宰。所以爲玄德也。是故君天下者，貴乎體道虛懷，而造乎德之至也。

天下有始，以爲天下母。既知其母，復知其子。既知其子，復守其母。没身不殆。塞其兑，閉其門，終身不勤。開其兑，濟其事，終身不救。見小曰明，守柔曰强。用其光，復歸其明。無遺身殃，是謂襲常。五十二章

此言體道之方，當以背物合道爲要妙也。由萬物皆資始乎道，故曰「天下有始，以爲天下母」。所謂「道生之」也。是知道爲體，而物爲用。故道爲母，物爲子。人若但知道體虚無，而不知物從此生，是知母而不知子，則淪於斷滅。若但知物而不知道，是殉物而忘道，則失其性真。所以既知其母，亦復要知其子，所謂「有體有用」也。既知物從道生，則不事於物。故曰「既知其子，復守其母」。所謂「用不離體」也。體用兩全，動静不二，故没身不殆。殆，危也，又盡也。下示守母之方。兑爲口，門乃眼耳，爲視聽之根。謂道本無言，言生理喪，妄機鼓動，説説而不休，去道轉遠。唯是必緘默以自守，所謂「多言數窮，不如守中」。故曰「塞其兑」。然道之於物，耳得之而爲聲，目得之而爲色。若馳聲色而忘返，則逐物而背性。是必收視返聽，内照獨朗。故曰「閉其門」。如

此，則終身用之而不勤矣。勤，勞也。若徒執言説以爲得，以資耳目之欲，火馳而不返，則是開兑濟事，喪心於物，則終身不可救矣。是皆不能戒謹於隱微之間，而忽於欲機之兆，非爲明也。孔子曰：「知機其神乎。」故曰「見小曰明」。以道自勝，故曰「守柔曰强」。是故學人當用其光，復其明，則無遺身殃也。然光，道之用也；明，道之體也。用不離體，故用愈光，而體愈明。此所以能無遺其殃也。襲，承也。且真常之道，吾固有之，但凡人不能承襲而自絶耳。苟能如此做工夫，則緜緜而不絶矣。故曰「是謂襲常」。

使我介然有知，行於大道，唯施是畏。大道甚夷，而民好徑。朝甚除，田甚蕪，倉甚虚。服文采，帶利劍，厭飲食，財貨有餘。是爲盜夸，韓非本作竽。非道哉。五十三章

此言世衰道微，人心不古，而極歎道之難行也。介然，猶些小，乃微少之意，蓋謙辭也。老子意謂使我少有所知識，而欲行此大道於天下，奈何天下人心奸險可畏，而將施之於誰耶？故曰「唯施是畏」。且有施而無受者，非徒無益，而又害之。所謂「生乎今之世，反古之道，災及其身」者，故可畏。何也？以大

道甚坦夷直捷，而民心邪僻，不由於大道，皆好徑矣。民好徑，則教化衰。教化衰，則奸愈甚。奸愈甚，則法益嚴。故曰「朝甚除」。除，謂革其弊也。且法令滋彰，賊盗多有，是以朝廷之法日甚嚴，而民因法作奸，更棄本而不顧，好爲游食，故田日甚蕪。田甚蕪，則倉日甚虛。倉甚虛，而國危矣。風俗之壞，民心之險，一至於此。君人者，固當躬行節儉，清淨無欲，以正人心可也。且在上之人，猶然不知止足，而虛尚浮華，極口體之欲，而服文采，帶利劍，厭飲食，而積貨財。且上行下效，捷如影響。故上有好之，而下必有甚焉者。是則民之爲盗，皆由上以唱之也。故曰「是爲盗竽」。竽，樂之首，而爲先唱者也。如此，豈道也哉？上下人心之如此，所以道之難行也。

善建者不拔，善抱者不脱，子孫祭祀不輟。修之於身，其德乃真。修之於家，其德乃餘。修之於鄉，其德乃長。修之於國，其德乃豐。修之於天下，其德乃普。故以身觀身，以家觀家，以鄉觀鄉，以國觀國，以天下觀天下。吾何以知天下然哉，以此。五十四章此言聖人所以功德無窮，澤及子孫者，皆以真修爲本也。舉世功名之士，靡不欲建不拔之功，垂不朽之業，至皆不能悠久者，以其皆以智力而建之，則有智力過之者，亦可以拔之矣。抱，守也。脱，猶奪也，謂失脱也。以機術而守之，則有機術之尤者，亦可以奪之矣。是皆不善建、不善守者也。至若聖人復性之真，建道德於天下，天下人心感服，確乎而不可拔，故功流萬世，澤及無窮，傑然而不可奪。此皆善建、善抱，所以福及子孫，故祭祀緜遠而不絶也。是故學道之人，修之於身，故其德乃真。莊子曰：「道之真以治身，其緒餘以爲國家，其土苴以爲天下。」故曰：「修之家，其德乃餘。修之鄉，其德乃長。修之國，其德乃豐。修之天下，其德乃普。」故以性觀身，則性真而身假。若以我身而觀天下之身，則性同而形忘。以此觀家則家和，以此觀鄉則鄉睦，以此觀國則國治，以此觀天下則天下平，所謂以性融物，則天下化。會物爲己，則天下歸。故其德乃普。是以聖人一真之外無餘事，故唯以此。

含德之厚，比於赤子。毒蟲不螫，以尾毒傷物曰螫。猛獸不據，以爪按物曰據。攫鳥不搏。

以翅擊物曰搏。骨弱筋柔而握固，未知牝牡之合而𦙶作，精之至也。終日號而嗌不嗄，和之至也。知和曰常，知常曰明。益生曰祥，心使氣曰强。物壯則老，謂之不道。不道早已。五十五章

此承上言聖人善建善抱，而不爲外物之所摇奪者，以其所養之厚也。然人之所以有生者，賴其神與精、氣耳。此三者苟得其養如赤子，則自不被外物所傷矣。故曰「含德之厚，比於赤子」。且毒蟲猛獸攫鳥，皆能傷人之物。至於赤子，則毒蟲雖毒而不螫，猛獸雖惡而亦不據，攫鳥雖梟而亦不搏，何也？以其赤子不知不識，神全而機忘也。所謂忘於物者，物亦忘之。入獸不亂羣，入鳥不亂行。彼雖惡而不傷，以其無可傷之地。此言聖人神之王也。且如赤子之骨最弱，筋極柔，手無執，而屈握極固，不可擘。且又不知陰陽之合，而𦙶亦作者，乃精滿之至。聖人筋骨亦柔弱，而所握亦堅固者，以其精純之至也。故草木之有精液者，則柔弱而連固，精竭者則枯槁而萎散。是知聖人如嬰兒者，以精得其養故也。然赤子終日號啼而咽嗌不嗄啞者，以其心本不動，而無哀傷怨慕之情，

乃氣和之至。聖人之心和亦然。斯三者，皆得其所養之厚，故所以比赤子之德也。且此三者，以神爲主，以精爲衛，以氣爲守。故老子教人養之之方，當先養其氣，故曰「知和曰常」。何也？蓋精隨氣轉，氣逐心生。故心妄動則氣散，氣散則精溢。所謂「心著行婬，男女二根，自然流液」。故善養者，當先持其心，勿使妄動。心不妄動則平定，心平則氣和，氣和則精自固，而神自安，真常之性自復矣。故曰「知和曰常」。如所云不認緣氣之心爲心，則真常之性自見。故曰「知常曰明」。意謂知真常之性者，可稱明智矣。苟不知真常之性，徒知形之可養，而以嗜欲口腹以益其生，殊不知生反爲其戕，性反爲其傷。故曰「益生曰祥」。祥，妖也。言益生反爲生之害也。心不平，則妄動而使氣，氣散則精竭，精竭則形枯。故曰「心使氣曰强」。强，木之枯槁也。過强曰壯。故曰「物壯則老」。草木之物過壯，則將見其枯槁而老。人之精神元氣不知所養，而斵〔一〕喪太過，可謂不道之甚矣。不道之甚，乃速其死也。故曰「不道早已」。已者，絶也。此老氏修養功夫，源頭蓋出於此。而後之學者，不知其本，妄搆多方，傍門異術，失老氏之指多矣。

〔校〕〔一〕斲，原作作，据文義改。

知者不言，言者不知。塞其兑，閉其門，挫其鋭，解其紛，和其光，同其塵，是謂玄同。故不可得而親，不可得而疏，不可得而利，不可得而害，不可得而貴，不可得而賤。故爲天下貴。五十六章

此言聖人所以爲天下貴者，以其善得所養，妙契忘言，而能與道玄同也。謂聖人自知之明，故善能含養於心，而不形於言。以自知之真，言有所不及也。若夫常人曉曉資於口談者，皆非真知者也。故曰「知者不言，言者不知」。下言養之之方。兑爲口，爲説。謂聖人緘默自守，不事口舌，故曰「塞其兑」。不事耳目之玩，故曰「閉其門」。遇物渾圓，不露鋒芒，故曰「挫其鋭」。心體湛寂，釋然無慮，故曰「解其紛」。紛，謂紛紜雜想也。含光斂耀，順物忘懷，故曰「和其光，同其塵」。此非妙契玄微者，不能也，故曰「是謂玄同」。聖人造道之妙，大而化之至於此。其心超然塵表，故不可得而親。精誠動物，使人見而不

能捨，故不可得而疏。淡然無欲，故不可得而利。妙出死生，故不可得而害。視王侯之位如隙塵，故不可得而貴。披褐懷玉，故不可得而賤。以其聖人，跡寄寰中，心超物表，不在親疏利害貴賤之間，此其所以爲天下貴也。

以正治國，以奇用兵，以無事取天下。吾何以知其然哉，以此。天下多忌諱，而民彌貧。民多利器，國家滋昏。人多技巧，奇物滋起。法令滋彰，盜賊多有。故聖人云：「我無爲而民自化，我好靜而民自正，我無事而民自富，我無欲而民自樸。」五十七章

此言治天下國家者，當以清淨無欲爲正，而不可用奇巧以誘民也。且奇巧詐術，是爲詭道，但可用之於兵，不可以治國。故曰「以正治國，以奇用兵」。然兵者不祥之器，不得已而用之，乃好事者爲之耳，非取天下之具也。故以無事取天下。吾何以知無事可以取天下之然哉，以此。此，指下文有事而言。蓋忌諱、利器、技巧、法令，皆有事也，此何以不足取天下？且天下多忌諱，而民彌貧。忌，謂禁不敢作。諱，謂不敢言。只如文王之囿七十里，與民共之，芻蕘雉兔

取之者無禁。即有不便於民者，言之不諱，所以民得安其生。故在上者無事，而民日富。今則殺其麋鹿者如殺人之罪，取之者死；民有不便，言之者戮。故民不聊生，且又無所措手足。此多忌諱之事，而民彌貧也。賢者，國之利器也。今國無道，賢者在野，是利器在民不在朝，所以國家滋昏，由上多欲好奇，故人心雕琢，技巧日生。技巧生，而奇物滋起。奇物起，則貪愈甚。貪愈甚，而盜賊生。故法令滋彰，而盜賊多有也。以此天下擾擾而不安。是皆有爲妄動，有事多欲之過也。故古之聖人有言曰：「我無爲而民自化，我好靜而民自正，我無事而民自富，我無欲而民自樸。」宜矣。

其政悶悶，其民醇醇。其政察察，其民缺缺。禍兮福所倚，福兮禍所伏。孰知其極，其無正耶？正復爲奇，善復爲妖。人之迷，其日固久。是以聖人方而不割，廉而不劌，直而不肆，光而不耀。五十八章

此詳言上章有爲之害，而示之以無爲之方也。悶悶，無知貌。所謂「民可使由之，不可使知之」之意。由百姓皆注其耳目，若示有知，即上云「法令滋彰，

盜賊多有」矣。故聖人潛行密用，令其悶悶然若無所知，則民情不鑿，奸僞自然不生。故其政悶悶，其民醇醇。若其政令察察然分星擘兩，則民多不自安，缺缺然憂有餘矣。故云「其政察察，其民缺缺」。缺缺，多憂不足之意。蓋禍福之機，端在人心之所萌。若其機善，則禍轉爲福。若其機不善，則福轉而爲禍。此禍福相倚伏也。由人機心不息，則禍福旋轉，如循環之無端，人孰能知其止極耶？故孔子曰：「知機其神乎。」謂是故也。然禍福循環之如此，豈無真人而以理正之耶？但世衰道微，人心不古，邪正不分，善惡顛倒。本示之以正，則彼反以爲奇詭；本教之以善，而彼反以爲妖怪。正所謂「未信而勞諫，則以爲厲謗」，此人心之迷固已久矣，縱有聖人之教，亦不能正之矣。莊子曰：「三人行，一人迷方，猶有解者。二人惑，則不能易。今天下皆迷，其誰能解之耶？」是以聖人遊濁世以化民，貴在同塵和光，渾然無跡。故雖方而不傷其割。割，謂割截，乃鋒稜太露也。雖廉而不傷於劌。劌，謂刻削太甚也。雖直而不傷於肆。肆，謂任意無忌也。雖光而不傷於耀。耀，謂衒耀己見也。此聖人有所長，而能養其所長，故爲天下貴。此所以無爲而治，好靜而自安，無爲而民自化矣。治人事天莫若嗇。夫惟嗇，是謂早復。早復，謂之重積德。重積德，則無不克。無不克，則莫知其極。莫知其極，可以有國。有國之母，可以長久。是謂深根固蒂，長生久視之道。五十九章

此言聖人離欲復性，以爲外王内聖之道也。嗇，有而不用之意。老子所言人天，莊子解之甚明，如曰「不以人害天，不以物傷性」，蓋「人」指物欲，「天」指性德也。言「治人事天莫若嗇」者，然嗇，即復性工夫也。謂聖人在位，貴爲天子，富有四海，其子女玉帛，聲色貨利，充盈於前。而聖人以道自守，視之若無，澹然無欲，雖有而不用。所謂「堯、舜有天下而不與」，此以嗇治人也。聖人并包四海，智周萬物，不以私智勞慮，而傷其性真。所謂「毋摇爾精，毋勞爾形，毋使汝思慮營營」，蓋有智而不用其智，此以嗇事天也。復性工夫，莫速於此。故曰「是謂之早復」。此「復」字是《復卦》「不遠復」之意，言其速也。又如「一日克己復禮，天下歸仁」之意。莊子曰：「賊莫大於德有心。」然有

心之德施於外，故輕而不厚。復性之功，天德日全，不期復而自復，所謂「復，見天地之心」。故曰「早復，謂之重積德」。能重積德，則無不克矣。此「克」字乃「克敵」之「克」，即顏子「克己」之「克」。以性德日厚，則物欲消融，而所過者化，無物與敵，則其德高明廣大，民無得而稱焉。故曰「無不克，則莫知其極」。極，至極，猶涯量也。此内聖之德既全，雖無心於天下，乃可以託於天下。故曰「莫知其極，可以有國」。此内聖之道，真以治身，其緒餘以爲天下國家。故曰「可以有國」。此道先天地不爲老，後天地不爲終。故曰「可以長久」。古人所言深根固蒂長生久視之道者，如此而已。結句蓋古語。老子引證，以結其意耳。

治大國，若烹小鮮。以道莅天下，其鬼不神。非其鬼不神，其神不傷人。非其神不傷人，聖人亦不傷人。夫兩不相傷，故其德交歸焉。六十章

此言無爲之益，福利於民，返顯有爲之害也。凡治大國，以安靜無擾爲主，行其所無事，則民自安居樂業，而蒙其福利矣。故曰「若烹小鮮」。烹小鮮，則不

可撓。撓，則糜爛而不全矣。治民亦然。夫虐政害民，災害並至，民受其殃。不知爲政之道，乃以鬼神爲厲而傷人，反以祭祀以要其福，其實君人者不道所致也。若以道德君臨天下，則和氣致祥，雖有鬼而亦不神矣。不神，謂不能爲禍福也。且鬼神非無，然洋洋乎如在其上，如在其左右，豈不昭格於上下耶？第雖靈爽赫然，但只爲民之福，不爲民害。故曰「非其鬼不神，但其神不傷人」耳。然非其神不傷人，實由聖人含哺百姓，如保赤子，與天地合其德，鬼神合其吉凶，而絕無傷民之意，故鬼神協和而致福也。故曰「非其神不傷人，聖人亦不傷之」。如湯之時，七年大旱，湯以身代犧牲，藉茅以禱，致雨三尺，故民皆以湯王克誠感格所致，斯蓋由夫兩不相傷，故其德交歸焉。此無爲之德，福民如此。

大國者下流。天下之交，天下之牝。牝常以靜勝牡，以靜爲下。故大國以下小國，則取小國。小國以下大國，則取大國。故或下以取，或下而取。大國不過欲兼畜人，小國不過欲入事人。夫兩者各得其欲，故大者宜爲下。六十一章此言君天下者，當以靜勝爲主，不可以力相尚也。夫流之在下者，如江海，衆水歸之。故大國之在天下，衆望歸之。故如流之在下，以爲天下之交。納汙含垢，無所不容。又虛而能受，如天下之牝也。凡物之雌曰牝，雄曰牡，牡動而牝靜。動則不育，靜能有生，是牝以靜勝牡也。以此譬喻聖人之德。然聖人爲天下牝者，以天下之人，衣食皆賴之以生，爵禄皆賴之以榮，萬幾並集於一人。故君道無爲，而皆任其所欲，各遂其所生，所謂「萬物皆往資焉而不匱」，此似牝以靜勝牡也。是則靜爲羣動之歸趨，故以靜爲下。大字小，小事大，皆有以下之也。取者，得之易也。大字小，如母育子。小事大，如子奉母。精神相孚，相得最易，故如掇之也。然大字小，必有所容。故曰「或下以取」。以，猶左右之也。小事大，必有所忍。故曰「或下而取」。而，因而取之也。皆無妄動之過，故交歸焉。且大國之欲，不過兼畜人，非容無以成其大。小國之欲，不過入事人，非忍無以濟其事。兩者既各得其所欲，而大者更宜下，何也？以大國素尊，難於下耳，故特勉之。此老子見當時諸侯專於征伐，以力不以德，知動不知靜，徒見相服之難，而不知「下」之一字爲至簡之術。蓋傷時之論也。

道者，萬物之奧，善人之寶，不善人之所保。美言可以市，尊行可以加人。人之不善，何棄之有？故立天子，置三公，雖有拱璧以先駟馬，不如坐進此道。古之所以貴此道者何？不曰求以得、有罪以免耶？故爲天下貴。六十二章

此言道之爲貴，誡人當勉力求之也。「道者，萬物之奧」，奧者，室之西南隅。有室必有奧。但人雖居其室，而不知奧之深邃。以譬道在萬物，施之日用尋常之間，人日用而不知，故如奧也。然道既在萬物，足知人性皆同。雖有善惡之差，而性未嘗異，以其俗習之偏耳。故善人得之以爲寶。惡人雖失，亦賴此道保之以有生。故曰「所保」。苟非其道以保之，則同無情瓦石矣。足見理本同也，所謂「堯、舜與人同」耳。由此觀之，天下豈有可棄之人耶？且一言之美，則可以市。市，利也。一行之尊，則可以加於人之上。況大道之貴，豈止一言之美，一行之尊，且人之全具而不欠缺一毫者，斯則不善之人又何棄之有耶？「故立天子，置三公，雖有拱璧以先駟馬，不如坐進此道」，此古語也，老子解

之曰：「然天子三公，不足爲尊貴。拱璧駟馬，不足爲榮觀。總不如坐進此道。」所以貴此道者何耶？豈不曰求道以得之，縱有罪，亦可以免之耶？是知桀、紂，天子也，不免其誅；四凶，三公也，不免其戮。非無拱璧駟馬，而竟不能免其罪。故夷、齊諫武王而不兵，巢、許傲天子而不譴，豈非「求以得、有罪以免」耶？況夫一念復真，諸罪頓滅；苟求而得，立地超凡，故爲天下貴也。

爲無爲，事無事，味無味。大小多少，報怨以德。圖難於其易，爲大於其細。天下難事，必作於易。天下大事，必作於細。是以聖人終不爲大，故能成其大。夫輕諾必寡信，多易必多難。是以聖人猶難之，故終無難。六十三章

此言聖人入道之要妙，示人以真切工夫也。凡有爲，謂智巧。有事，謂功業。有味，謂功名利欲。此三者，皆世人之所尚。然道本至虛而無爲，至靜而無事，至淡而無味。獨聖人以道爲懷，去彼取此，故所爲者無爲，所事者無事，所味者無味。故世人皆以名位爲大，以利禄爲多而取之。然道至虛微，淡泊無物，皆以爲小少，故棄而不取。聖人去功與名，釋智遺形，而獨與道游。是去其大

多，而取其小少。故以至小爲至大，至少爲至多。故大其小，而多其少也。試觀世人報怨以德，則可知矣。何也？且世之人，無論貴賤，事最大而難解者，怨也。然怨之始也，偶因一言之失，一事之差，遂相搆結，以至殺身滅名、亡國敗家之禍。甚至有積怨深憤，父子子孫累世相報而未已者。此舉世古今之恒情也。豈非其事極大且多哉？惟聖人則不然，察其怨之未結也，本不有；始結也，事甚小；既結也，以爲無與於己，故無固執不化之心，亦無有我以與物爲匹敵。其既往也，事已消之，求其朕而不可得。以此觀之，則任彼之怨，在我了無報之之心矣。然彼且以爲有怨，在我全無報復之心，彼必以我爲德矣。是所謂「報怨以德」，非謂曲意將德以報怨也。孔子以直報怨，正謂此耳。斯則怨乃事之至大而多，人人必有難釋者，殊不知有至易者存焉。是所謂「爲無爲，事無事，大其小，而多其少」也。天下之事，何獨於怨，而事事皆然。故天下之事至難者，有至易存焉。至大者，有至細存焉。人不見其易與細，而於難處圖之，大處爲之，必終無成。苟能圖之於易，而爲之於細，鮮不濟者。以天下難事必作於易，天下大事必作於細，故也。作者，始起也。是以聖人虛心體道，退藏於密，跡愈隱而道愈光，澤流終古而與天地參。此所謂「終不爲大，故能成其大」也。老子言及至此，抑恐世人把易字當作容易輕易字看，故誡之曰：「夫輕諾必寡信，多易必多難。」謂世人不可將事作容易看也。且容易許人，謂之輕諾。凡輕許者，必食言而寡信。見事之容易而輕爲者，必有始而無終。是故易字，非容易也。世人之所難，而聖人之所易；世人之所易，而聖人之所難。故曰：「聖人猶難之，故終無難。」猶，應作尤，古字通用，更也。謂世人之所甚易者，而聖人更難之，故終不難耳。觀夫文王兢兢，周公業業，戒慎恐懼乎不覩不聞，皆聖人之所難也。余少誦「圖難於易，爲大於細」二語，只把作事看。及余入山學道，初爲極難，苦心不可言。及得用心之訣，則見其甚易。然初之難，即今之易；今之易，即初之難。然治心如此，推之以及天下之事皆然。此聖人示人入道之真切工夫也。志道者勉之。

其安易持，其未兆易謀。其脆易破，其微易散。爲之於未有，治之於未亂。合抱之木，生於毫末。九層之臺，起於累土。千里之行，始於足下。爲者敗之，執者失之。聖人無爲，故無敗。無執，故無失。民之從事，常於幾成而敗之。慎終如始，則無敗事。是以聖人欲不欲，不貴難得之貨。學不學，復衆人之所過，以輔萬物之自然，而不敢爲。六十四章

此釋上章「圖難於易，爲大於細」之意，以示聖人之要妙，只在爲人之所不爲，以爲學道之捷徑也。治人事天工夫，全在於此。安與未兆，蓋一念不生，喜怒未形，寂然不動之時，吉凶未見之地，乃禍福之先，所謂「幾先」也。持字，全是用心力量。謂聖人尋常心心念念，朗然照於一念未生之前，持之不失。此中但有一念動作，當下就見就知，是善則容，是惡則止，所謂「早復」。孔子所謂「知幾其神乎」。此中下手甚易，用力少而收功多。故曰「其安易持」。兆，是念之初起。未兆，即未起。此中喜怒未形，而言「謀」者，此「謀」非「機謀」之「謀」，乃戒慎恐懼之意。於此著力，圖其早復，蓋第一念爲之於未有也。若脆與微，乃是一念始萌，乃第二念耳。然一念雖動，善惡未著，甚脆且

微。於此著力，所謂「治之於未亂」也。「合抱之木」以下三句，皆譬喻。毫末，喻最初一念。累土、足下，喻最初一步工夫也。上言用心於内，下言作事於外。「爲」「執」二句，言常人不知著力於未然之前，卻在既發之後用心。爲之則反敗，執之則反失矣。聖人見在幾先，安然於無事之時，故無所爲，而亦無所敗。虚心鑒照，故無所執，而亦無所失。以其聖人，因理以達事耳。常民不知在心上做，卻從事上做，費盡許多力氣，且每至於幾成而敗之。此特機巧智謀，有心做來，不但不成，縱成亦不能久，以不知聽其自然耳。「慎終如始」，始，乃事之初。終，乃事之成。天下之事，樅然盈乎天地之間。聖人之見，察其始也，本來不有，以本不有，故將有也，任其自然，而無作爲之心。及其終也，事雖已成，觀之亦似未成之始，亦無固執不化之念。此所謂「慎終如始，故無敗事」也。「是以」已下，總結聖人返常合道也。若夫衆人之所欲者功名利禄，玉帛珍奇；所學者權謀智巧，火馳於此，往而不返，皆其過也。至於道德無爲，皆以爲賤而所不欲，以爲無用而不學。故恃智好爲，以傷自然之樸。聖人離欲釋智，以復衆人之過耳。以恃萬物之自然，故終不敢爲也。莊子内聖外王學問，全出於此。吾人日用明此，可以坐進此道，以此用世，則功大名顯，伊、周事業，特緒餘耳。豈不至易哉？

古之善爲道者，非以明民，將以愚之。民之難治，以其智多。以智治國，國之賊。不以智治國，國之福。知此兩者，亦楷式。能知楷式，是謂玄德。玄德深矣遠矣，與物反矣，乃至於大順。六十五章

此言聖人治國之要，當以樸實爲本，不可以智誇民也。明者，昭然揭示之意。愚者，「民可使由之，不可使知之」之意。夫民之所趨，皆觀望於上也，所謂「百姓皆注其耳目」。凡民之欲蔽，皆上有以啟之。故上有好者，下必有甚焉者也。故聖人在上，善能以斯道覺斯民，當先身以教之。上先不用智巧，離欲清淨，一無所好，若無所知者，則民自各安其日用之常，絕無一念好尚之心，而黠滑之智自消，奸盜之行自絕矣。所謂「我好靜而民自正，我無爲而民自化」。故曰「非以明民，將以愚之」。此重在「以」字。前云「衆人皆有以」，「以」，

如《春秋》「以某師」之「以」，謂左右之也。此其上不用智，故民易治耳。然民之難治者，皆用智之過也。足知以智治國者，返爲害也，乃國之賊。不用智而民自安，則爲國之福矣。人能知此兩者，可爲治國之楷式也。楷式，好規模也。苟能知此楷式，是謂之玄德矣。玄德，謂德之玄妙，而人不測識也。故歎之曰「玄德深矣遠矣」，非淺識者所可知也。民之欲，火馳而不返。唯以此化民，則民自然日與物相反，而大順於妙道之域矣。《語》曰：「齊一變至於魯，魯一變至於道。」猶有智也，况玄德乎？

江海所以能爲百谷王者，以其善下之，故能爲百谷王。是以聖人欲上民，必以言下之。欲先民，必以身後之。是以聖人處上而民不重，處前而民不害。是以天下樂推而不厭。以其不争，故天下莫能與之争。六十六章

此教君天下者以無我之德，故天下歸之，如水之就下也。百川之水，不拘淨穢，總歸於江海。江海而能容納之，以其善下也。此喻聖人在上，天下歸之，以其無我也。「欲上民，必以言下」者，言者，心之聲也。故君天下者，尊爲天子。

聖人虛心應物，而不見其尊，故凡出言必謙下，如曰孤、寡、不穀，不以尊陵天下也。「欲先人，必以身後之」者，身者，心之表也。君天下者，貴爲天子，天下推之以爲先。聖人忘己與人，而不自見有其貴，故凡於物欲，澹然無所嗜好，不以一己之養害天下也。重者，猶不堪也。是則聖人之心，有天下而不與，故雖處上，而民自堪命，不以爲重。雖處前，而民自遂生，不以爲害。此所以天下樂推而不厭。蓋無我之至，乃不爭之德也。此爭非爭鬭之謂，蓋言心不馳競於物也。以其不爭，故天下莫能與之爭，莊子所謂「兼忘天下易，使天下忘己難」。此則能使天下忘己，故莫能與之爭耳。

天下皆謂我道大，似不肖。夫惟大，故似不肖。若肖，久矣其細。我有三寶，持而寶之：一曰慈，二曰儉，三曰不敢爲天下先。慈，故能勇。儉，故能廣。不敢爲天下先，故能成器長。今捨慈且勇，捨儉且廣，捨後且先，死矣。夫慈，以戰則勝，以守則固。天將救之，以慈衛之。六十七章

此章老子自言所得之道至大，世人不知，其實所守者至約也。「道大」，如「巍

巍乎惟天爲大」，「蕩蕩乎民無稱焉」，言其廣大，難以名狀也。「不肖」，如孔子云「不器」、太史公謂孟子「迂遠而不切於事情」之意，即莊子所謂「大有徑庭，不近人情」也。此蓋當時人見老子其道廣大，皆如下文所云，以勇、廣、器長稱之，且不得而名，故又爲不肖，即若孔子稱之「猶龍」也。故老子因時人之言，乃自解之曰：「天下人皆謂我之道大，似乎不肖，無所可用。惟其大，所以似不肖耳。」肖者，與物相似，如俗云一樣也。「若肖」作一句，「久矣其細」作一句，倒文法耳。謂我若是與世人一樣，則成細人久矣，又安得以道大稱之哉？下文釋其大之所以，謂世人皆見其物莫能勝我，遂以我爲勇；見我寬裕有餘，遂以我爲廣；見其人皆推我爲第一等人，遂以我爲器長。器者，人物之通稱也。以此故，皆謂我道大，其實似無所肖。殊不知我所守者至約，乃「慈」「儉」「不敢爲天下先」三法而已。「慈」者，並包萬物，覆育不遺，如慈母之育嬰兒。「儉」者，嗇也，有而不敢盡用。「不敢爲天下先」者，虛懷游世，無我而不與物對。然以慈育物，物物皆己，且無己與物敵，物自莫能勝矣。故曰「慈，故能勇」。心常自足，雖有餘而不用，所處無不裕然寬大矣。故曰「儉，故能廣」。物我兩忘，超然獨立，而不見有己以處人前。故人皆以我爲畸人，推爲人中之最上者矣。故曰「不敢爲天下先，故能成器長」。以此故，皆以我爲道大似不肖耳。以我所守者如此，即前所云「我獨異於人，而貴求食於母」也。以此三者，乃大道之要妙耳。且今世人，捨慈而言勇，捨儉而言廣，捨後而言先，死矣。此「死」字非「生死」之「死」，如禪家所云「死在句下」，蓋「死活」之「死」，言其無生意也。以世人不知大道之妙，但以血氣誇侈爭勝做工夫，故一毫没用頭，皆死法，非活法也。且此三者之中，又以慈爲主。不但學道，即治天下國家莫不皆然。若以戰則勝，以守則固，故王師無敵，民效死而勿去，皆仁慈素有所孚，故爲戰勝守固之道。此所謂「道之真以治身，其緒餘以爲天下國家」。以天地之大德曰生，故天將救斯民，而純以慈衛之。故聖人法天利用，而以慈爲第一也，世俗惡足以知之？故知治世能用老氏之術，坐觀三代之化，所以漢之文、景，得糟粕之餘，施於治道，迥超百代耳。此老子言言皆真實工夫，切於人事，故云「甚易知易行」。學人視之太高，類以虛玄談之，不能身體而力行，故不得其受用耳。惜哉。

善爲士者不武，善戰者不怒，善勝敵者不争，善用人者爲之下。是謂不争之德，是謂用人之力。是謂配天，古之極。六十八章

此言聖人善於下人，以明不争之德，釋上「三寶」之意也。一章主意，只在「善用人者爲之下」一句，乃假兵家戰勝之事，以形容其慈，乃不争之至耳。士者，介胄之士。武者，武勇。然士以武爲主，戰以怒爲主，勝敵以争爲主，三者又以氣爲主，况善於爲士者不用武，善於戰者不在怒，善於勝敵者不必争，即前所云「以慈用兵」也。意謂武、怒、争三者，獨兵事所必用，若用之而必死，故善者皆不用，何况常人，豈可恃之以爲用耶？乃驕矜恃氣，不肯下人，故人不樂其用，乃不善用人耳。故古之善用人者，必爲之下，即此「是謂不争之德」也。若以力驅人，能驅幾何？若以下驅人，則天下歸之。是以下用人，最有力也。所謂「上善若水，水善利萬物而不争」，以其有力也。「是謂配天，

古之極」者，乾天，坤地。若天地正位，則爲否，而萬物不生；若乾下坤上，則爲泰。是知天在上而用在下也。聖人處民上而心在下，可謂配天之德。此古皇維極之道，置百姓於熙皞至樂之中。斯豈不爭之德以治天下，而爲力之大者與？此章主意，全在不用氣上做工夫，即前云「專氣致柔，能如嬰兒」，純和之至，則形化而心忘。不見物爲對，則不期下而自下矣。殆非有心要下，而爲用人之術也。然學人有志於謙德，則必尊而光，況聖人無我之至乎？

用兵有言：「吾不敢爲主而爲客，不敢進寸而退尺。」是謂行無行，音杭，户剛反。攘無臂，仍無敵，執無兵。兵者，五兵器械，謂戈、矛、殳、戟、干也。禍莫大於輕敵，輕敵幾喪吾寶。故抗兵相加，哀者勝矣。六十九章

此重明前章「不爭之德」，以釋上「三寶」以慈爲本之意也。然慈，乃至仁之全德也，所謂「大仁不仁」。以其物我兼忘，内不見有施仁之心，外不見有受施之地。故凡應物而動，皆非出於有心好爲，蓋迫不得已而後應。故借用兵以明慈德之至也。何以知之？且如古之用兵者有言曰：「吾不敢爲主而爲客，不敢進寸

而退尺。」以此觀之，足可知也。古之用兵，如涿鹿、孟津之師是也。兵主，如春秋征伐之盟主，蓋專征伐。主於兵者，言以必争必殺爲主也。客，如諸侯應援之師，本意絶無好殺之心，以兵主召之，迫不得已，懼之而後應也。「不敢爲主」者，言其本無好殺之心，今雖迫不得已而應之，然亦聽之待之，若可已則已。以無心于功利，故絶無争心，所以進之難而退之易。故曰「不敢進寸而退尺」，言身進而心不進，是以退心進也。以無争心，故雖行而如不在行陣，雖攘而若無臂之人。仍，相仍，猶就也。言彼以我爲敵，而我以彼爲敵也。雖就，亦似無敵可對；雖執，猶若無兵可揮。戒懼之至，而不敢輕於敵。由不敢輕敵，所以能保全民命，不傷好生之仁。然禍之大者莫大於輕敵。以輕敵則多殺，多殺則傷慈，故幾喪吾寶矣。抗兵，乃兩敵相當，不相上下，難於決勝。但有慈心哀之者，則自勝矣。何則？以天道好生，助勝於慈者也。由是觀之，兵者對敵，必争必殺以取勝。今乃以不争不殺而勝之，蓋以慈爲本故也。足見慈乃不争之德，施於必争之地，而以不争勝之，豈非大有力乎？用之於敵尚如此，况乎聖人無物爲敵，而以平等大慈，並包萬物，又何物而可勝之耶？故前云「不争之德，是謂用人之力。是謂配天，古之極」。此章舊解多在用兵上説，全不得老子主意。今觀初一句，乃借用兵之言，至輕敵喪寶，則了然明白，是釋上「慈」字，以明「不争之德」耳。

吾言甚易知，甚易行。天下莫能知，莫能行。言有宗，事有君。夫惟無知，是以不我知。知我者希，則我者貴。是以聖人披褐懷玉。七十章

此章示人立言之指，使知而行之，欲其深造而自得也。老子自謂我所言者，皆人人日用中最省力一著工夫。明明白白甚，容易知，容易行。只是人不能知，不能行耳。以我言言事事，皆以大道爲主，非是漫衍荒唐之説。故曰「言有宗，事有君」。宗、君，皆主也。且如一往所説，絶聖棄智，虚心無我，謙下不争，忘形釋智，件件都是最省力的工夫，放下便是，全不用你多知多解，只在「休心」二字，豈不最易知、最易行耶？然人之所以不能知者，因從來人人都在知見上用心。除卻知字，便無下落。以我無知無識一著，極難湊泊，所以人不知

我耳。故曰「夫惟無知，是以不我知」。然無知一著，不獨老子法門宗旨，即孔子亦同，如曰「吾有知乎哉，無知也」；「有鄙夫問於我，空空如也」，此豈不是孔聖亦以無知爲心宗耶？此夫子見老子後，方得妙悟如此，故稱「猶龍」，正謂此耳。然以無知契無知，如以空合空。若以有知求無知，如以水投石。所以孔、老心法，千古罕明。故曰「知我者希」。若能當下頓悟此心，則立地便是聖人，故曰「則我者貴」。則，謂法則。言取法也。聖人懷此虛心妙道以遊世，則終日與人周旋，對面不識，故如披褐懷玉。永嘉云：「貧則身常披縷褐，道則心藏無價珍。」此一章書，當在末後結束。蓋老子向上一往所言天人之蘊，至此已發露太盡，故著此語。後章只是要人在日用著力做工夫，以至妙悟而後已。

七十一章

知不知，上。不知知，病。夫惟病病，是以不病。聖人不病。以其病病，是以不病。

此承上言「夫惟無知，是以不我知」，恐人錯認無知，故重指出無知之地也。然世人之知，乃敵物分別之知，有所知也；聖人之知，乃離物絶待，照體獨立之知，無所知也。故聖人之無知，非斷滅無知，乃無世人之所知耳。無所知，乃世人所不知也。世人所不知，乃聖人之獨知。人能知其所不知之地，則爲上矣。故曰：「知不知，上。」若夫臆度妄見，本所不知，而强自以爲知；或錯認無知爲斷滅，同於木石之無知。此二者皆非真知，適足爲知之病耳。故曰：「不知知，病。」若苟知此二者爲知之病，則知見頓亡，可造無知之地，而無强知妄知之病矣。故曰：「夫惟病病，是以不病。」聖人但無强妄之知，故稱無知，非是絶然斷滅無知也。故曰：「聖人不病。」此段工夫，更無别樣玄妙。唯病其妄知强知是病而不用，是以不墮知病之中，而名無知。此無知，乃真知。若知此真知，則終日知而無所知，斯實聖人自知之明，常人豈易知哉？此所以易知易行，而世人不能知不能行也。古云：「知之一字，衆妙之門。知之一字，衆禍之門。」然聖人無知之地，必假知以入。若悟無知，則妄知自泯。此乃「知之一字，衆妙之門」也。若執有知以求無知，則返增知障，此乃衆禍之門，正是此中知之病也。「知不知，上」，最初「知」字，正是入道之要。永嘉云：「所謂知者，但知而已。」

此句最易而難明。學者日用工夫，當從此入。

民不畏威，大威至矣。無狹其所居，無厭平聲。其所生。夫惟不厭，是以不厭。去聲。

是以聖人自知不自見，自愛不自貴。故去彼取此。七十二章

此章教人遺形去欲，爲入道之工夫，以造聖人無知之地也。凜然赫然而可畏者，謂之威。如云寒威、炎威是也。是則凡可畏者，皆謂之威。唯國之大罰，與天地之肅殺，乃大威也。此藉以爲戕生傷性者之喻。世人以爲小惡不足戒，而不知畏，必致殺身而後已。此「民不畏威，大威至矣」。喻世人祇知嗜欲養生，而不知養生者皆足以害生而可畏也。且若嗜酒色，必死於酒色；嗜利欲，必死於利欲；嗜飲食，必死於飲食，是則但有所嗜，而不知畏，必至於戕生傷性而後已。此「不畏威，故大威至矣」。然人但知嗜而不知畏者，以其止知有身之可愛，有生之可貴，以此爲足，而不知大有過於此者，性也。且吾性之廣大，與太虛同體，乃吾之真宅也。苟以性視身，則若大海之一漚，太虛之一塵耳，至微小而不足貴者。人不知此，而但以藐爾之身，以爲所居之地，將爲至足，而

貴愛之，則狹陋甚矣。故戒之曰：「無狹其所居。」「狹其居」者，將以此身此生爲至足也。故又戒之曰：「無厭其所生。」厭，足也。若知此身此生之不足貴，則彼物欲固能傷生，亦不足以害我矣，以其無死地也。故曰：「夫惟不厭，是以不厭。」厭，棄也。故聖人自知尊性，而不見生之可養；自愛遺形，而不見身之可貴。此聖人之所獨知，世人之所不知也。故去彼衆人之所知，取彼所不知，以爲道之要妙耳。以此足見世人之所知者，皆病也。聖人病之而不取，故不病也。

後三章互相發明此章之旨。

勇於敢則殺，勇於不敢則活。此兩者，或利或害。天之所惡，孰知其故？是以聖人猶難之。天之道，不爭而善勝，不言而善應，不召而自來，繟音闡，舒緩也。然而善謀。天網恢恢，疏而不失。七十三章

此言天命可畏，報應昭然，教人不可輕忽也。勇者，決定之志也。敢者，不計利害而決於爲也。殺、活，死、生也。謂凡世人作事，不顧利害，不怕死生，而敢爲之。然敢乃必死之地，故曰「勇於敢則殺」。若用志於不敢爲，是足以保

身全生，故曰「勇於不敢則活」。此天道必然之理也。且此二者，亦有敢而生、不敢而死者。至若顏子夭，而盜蹠壽，此乃當害而利、當利而反害者，何耶？況天道好謙而惡盈，與善而惡惡，是則爲惡者當惡而不惡，斯豈報應差舛耶？世皆疑之。故解之曰：「天之所惡，孰能知其故？」故，所以然也。孔子曰：「無求生以害仁，有殺身以成仁。」由此觀之，生存而仁害，雖生亦死；身滅而仁成，雖死亦生。斯則蹠非壽，顏非夭矣。此乃天道所以然之妙，而非世人所易知。是以聖人於此猶難之，不敢輕忽，而敬畏之。所謂「畏天之威，於時保之」也。故下文歷示天道之所以。逆天者亡，故不争而善勝；感應冥符，故不言而善應；吉凶禍福如影響，故不召而自來。然報愈遲，而惡愈深，禍愈慘，故繟然而善謀。以報速者有所警，報緩則不及悔，必至盡絶而後已。此所謂「善謀」也。是則天道昭昭在上，如網之四張，雖恢恢廣大，似乎疏闊，其實善惡感應，毫髮不遺。此所謂「疏而不失」也。世人不知天命之如此，乃以敢以强以争競於名利之場，將謂一身之謀，不顧利害死生而爲之，自謂智力以致之。蓋不知命之過，皆取死之道也。可不畏哉。

民不畏死，奈何以死懼之？若使民常畏死，而爲奇者吾將執而殺之，孰敢？常有司殺者殺。夫代司殺者殺，是謂代大匠斲。夫代大匠斲者，稀有不傷手矣。七十四章

此承上章天道無言，而賞罰不遺，以明治天下者，當敬天保民，不可有心尚殺，以傷慈也。治天下者，不知天道，動尚刑威，是以死懼民也。老子因而歎之曰：「民不畏死，奈何以死懼之耶？」以愚民無知，但爲養生口體之故，或因利而行劫奪，或貪欲而嗜酒色，明知日蹈死亡，而安心爲之，是不畏死也。如此者衆，豈得人人而盡殺之耶？若民果有畏死之心，但凡有爲奇詭之行者，吾執一人而殺之，則足以禁天下之暴矣。如此，誰又敢爲不法耶？民既不畏死，殺之無益，適足以傷慈耳。夫天之生民，必有以養之。而人不知天，不安命，橫肆貪欲以養生，甚至不顧利害，而無忌憚以作惡，是乃不畏天威。天道昭昭，必將有以殺之矣。是居常自有司殺者殺，無庸有心以殺之也。所謂天生天殺，道之理也。今夫人主操生殺之權，乃代天之威以保民者。若民惡貫盈，天必殺

之。人主代天以行殺，故云代司殺者殺，如代大匠斲也。且天鑑昭明，毫髮不爽。其於殺也，運無心以合度，揮神斤以巧裁，不疾不徐，故如大匠之斲，運斤成風而不傷鋒犯手。至若代大匠斲者，稀有不傷手矣。何也？夫有心之殺，乃嗜殺也。嗜殺傷慈。且天之司殺，實爲好生。然天好生，而人好殺，是不畏天而悖之，返取其殃。此所以爲自傷其手也。孟子曰：「不嗜殺人者能一之。」此語深得老子之餘意。故軻力排楊、墨，而不及老、莊，良有以焉。至哉仁人之言也。

民之飢，以其上食税之多，是以飢。民之難治，以其上之有爲，是以難治。民之輕死，以其求生之厚，是以輕死。夫惟無以生爲者，是賢於貴生。七十五章

此釋上章「民不畏死」之所以，教治天下者當以淡泊無欲爲本也。凡厥有生，以食爲命。故無君子莫治野人，無野人莫養君子，是則上下同一命根也。然在上之食，必取税下民。一夫之耕，不足以養父母妻子。若取之有制，猶可免於飢寒。若取之太多，則奪民之食以自奉，使民不免於死亡。凡賊盜，起於飢寒

亦也。民既飢矣，求生不得，而必至於奸盜詐僞，無不敢爲之者。雖有大威，亦不畏之矣。是則民之爲盜，由上有以驅之也。既驅民以致盜，然後用智術法以治之，故法令滋彰，盜賊多有，此民所以愈難治。雖有斧鉞之誅，民將輕死而犯之矣。由是推之，民之輕死，良由在上求生之厚以致之，非别故也。厚，重也。此句影前，當有一「上」字，方盡其妙。然重於求生，以但知生之可貴，而以養生爲事，不知有生之主。苟知養生之主，則自不見有身之愛，有生之可貴。欲自消而心自静，天下治矣。所謂「我無爲而民自化，我好静而民自正，我無事而民自富，我無欲而民自樸」，故曰「夫惟無以生爲者，是賢於貴生」。賢，猶勝也。此中妙處，難盡形容，當熟讀《莊子・養生主》《馬蹄》《胠篋》諸篇，便是注解。又當通前四章返復參玩，方見老子喫緊處。

## 七十六章

人之生也柔弱，其死也堅强。萬物草木之生也柔脆，其死也枯槁。故堅强者死之徒，柔弱者生之徒。是以兵强則不勝，木强則共。音拱，兩手合圍也。强大處下，柔弱處上。

此章傷世人之難化，欲在上者當先自化，而後可以化民也。結句乃本意，上文皆借喻以明之耳。經曰：「此土衆生，其性剛强，難調難化。」故老子專以虛心無爲不敢爲立教之本，全篇上下專尚柔弱而斥剛强。故此云「堅强者死之徒，柔弱者生之徒」，乃借人物草木爲喻，是以兵喻戒懼，木喻心虛。言兵若臨事而懼，不敢輕敵，故能全師以自勝。是以全生爲上，而多死爲下也。木之枝條，以沖氣爲和，故欣欣向榮，而生意自見。是以虛心柔弱在上。若成拱把，則麤幹堅强者在下矣。以此足知戒懼虛心、柔弱翕受者，方可處於民上也。若夫堅强自用，敢於好爲，則終無有生意矣。此語大可畏哉。

天之道，其猶張弓乎。高者抑之，下者舉之。有餘者損之，不足者補之。天之道，損有餘，而補不足。人之道則不然，損不足，以奉有餘。孰能有餘以奉天下？唯有道者。是以聖人爲而不恃，功成而不處，其不欲見賢耶？七十七章

此言天道之妙，以明聖人法天以制用也。弓之爲物，本弰高而有餘，弰下而不足，乃弛而不用也。及張而用之，則抑高舉下，損弰有餘之力，以補弰之不足。

上下均停，然後巧於中的。否則，由基、逢蒙無所施其巧矣。天之道亦由是也。以其但施而不受，皆損一氣之有餘，以補萬物之不足，均調適可，故各遂其生。人道但受而不施，故人主以天下奉一己，皆損百姓之不足，以補一人之有餘，哀寡益多，故民不堪其命。誰能損有餘以奉天下哉？唯有道者，達性分之至足，一身之外皆餘物也。故堯、舜有天下而不與，即以所養而養民，乃能以有餘奉不足也。是以聖人與道爲一，與天爲徒。故法天制用，雖爲而不恃其能，雖成而不居其功，此損之至也。損己至，故天下樂推而不厭。雖不欲見賢，不可得也。「其不欲見賢耶」一句，謂我心本不欲見賢，而人自以我爲賢矣。此益也，由損而至。故「唯天爲大，唯堯則之」，此之謂也。

天下莫柔弱於水，而攻堅强者莫之能先，以其無以易之也。故柔之勝剛，弱之勝强，天下莫不知，莫能行。是以聖人云：「受國之垢，是謂社稷主。受國之不祥，是謂天下王。」正言若反。七十八章

此結通篇柔弱之意，欲人知而能行也。「無以易之」，易，輕易也，即《左傳》

訓師「無易敵」之「易」。謂師之柔弱，則敵人有以料而易之以取勝。至若水之柔弱，則人莫能料。莫能料，故無以易之，而卒莫能以取勝。此所以「攻堅强者莫之能先」。莫能先，謂無有過於此也。世人皆以柔弱爲不足取，率輕易之，故天下皆知之而莫能行，以柔弱爲垢辱不美之稱故也。祥，猶嘉美也。是以凡稱人君，則曰乾剛，能斷有爲，遂以爲明君。若夫無爲，則國人皆以柔弱爲恥辱而不美矣。故聖人云：「果能以柔弱處上，恬澹無爲，能受一國之恥垢者，則爲社稷真主。能受一國不美之名者，則爲天下明王矣。」如堯之垂拱無爲，則野老謳曰：「帝力何有於我哉？」此受國之垢也。然柔弱無爲，乃合道之正言，但世俗以爲反耳。

和大怨，必有餘怨，安可以爲善？是以聖人執左契而不責於人。有德司契，無德司徹。天道無親，常與善人。七十九章

此言聖人無心之恩，但施而不責報。此爲當時計利者發也。然恩生於怨，怨生於恩。當時諸侯兩相搆怨，霸者主盟而爲和之。大怨既和，而必責報，報之不

至，而怨亦隨之，是有餘怨也。莊子云：「賊莫大于德有心。」故曰「安可以爲善」。是以聖人無心之德，但施而不責報。故如貸之執左契，雖有而若無也。契，貸物之符券也。合同剖之，而有左右，貸者執右，物主執左，所以責其報也。有德司契，但與而不取，徒存虛契。無德司徹，不計彼之有無，必征其餘，如賦徹耳。徹，周之賦法，謂時至必取於民，而無一毫假借之意。然上責報而下計利，將謂與而不取爲失利也，殊不知失於人而得於天，故曰：「天道無親，常與善人。」且施而不取，我既善矣，人不與而天必與之，所謂「自天佑之，吉無不利」，豈常人所易知哉？

小國寡民，使有什伯人之器而不用，使民重死而不遠徙。雖有舟輿，無所乘之。雖有甲兵，無所陳之。使民復結繩而用之。甘其食，美其服，安其居，樂其俗。鄰國相望，雞狗之聲相聞，民至老死不相往來。八十章

此結通篇無爲之益，施於治道，可復太古之化也。什伯之器，並十曰什，兼百曰伯。器，材也。老子自謂以我無爲之治，試於小國，縱使有兼十夫百夫之材

者，亦無所用之，以民淳而無事故也。若國多事，煩擾於民，或窮兵致亂，重賦致饑，民不安其居，則輕死而去之。今一切無之，故使民重死，而不遠徙。舟輿，水陸之具。不遠徙，故雖有舟車無所用。不尚争，故雖有甲兵無所陳。陳，列也。不用智，故可使結繩而用之如太古矣。民各自足其足，絶無外慕之心。不事口體，故以尋常衣食爲甘美，以平居里俗爲安樂，日與鄰國雞狗相聞。至近之地，民至老死而不相往來。如此，則淳樸之至，乃太古之化也。老子所言，疾當時之弊皆有爲用智，剛强好争，尚利自私，奉己而不恤於民。故國亂民貧，而愈難治。所以治推上古，道合無爲，全篇所論，不出乎此，蓋立言之本旨也。故終篇以此，請試而行之，可以頓見太古鴻荒之化。言取效之速如此也。所謂「一日克己復禮，天下歸仁」，深有味乎此言也。老氏之學，豈矯世絶俗之謂哉？

信言不美，美言不信。善者不辯，辯者不善。知者不博，博者不知。聖人不積，既已爲人己愈有，既已與人己愈多。天之道，利而不害。聖人之道，爲而不争。八十一章此結通篇立言之旨，以明老氏立教之宗也。「信言不美」者，斯乃釋疑之辭，以明道本無言，因言顯道之意也。首章云「道可道，非常道」，以可道之道，乃言説也。老子自謂道若可言，即非真道矣。今上下五千餘字，豈非言耶？既已有言，則道非真矣。因於終篇以自解之，以釋後世之疑耳。然信，舊注實也，謂真實之言，即由衷之言也。美言，華美之言，乃巧言也。老子意謂道本無言，因言以顯，但我所言者，字字皆從真實理中流出，第藉之以彰道妙，故信實而不美。非若世人誇誕浮辭，雖美而不信也。且世衰道微，人心不古，當時學者不達無言之旨，乃嘵嘵好辯尚博，各擅專門。如楊朱、墨翟、御寇、公孫之徒，祖述相傳，以辯博爲宗，自以爲善。殊不知以多岐亡羊，多方喪真，去道轉遠。老子因而斥之曰：「孰知不言之教，不辯之辯哉？」以彼辯者，則不善於道，果善於道，則自不辯矣。且道本無言，乃至約也，但了悟於心，可目擊而喻，妙契無言，自不容聲矣，何事於博哉？故曰「知者不博」。時人不知出此，徒事多聞，增益知見，以博爲知，其實不知，多言數窮，故曰「博者不知」。以彼不知大道體虚，運而不積。

而彼以積爲務，故愈增障礙。殊不知有積則有散，有散則有窮；無積則無散，無散則無窮。由聖人體虛合道，忘言任真，了無所積。由其不積，則不窮。所謂「虛而不屈，動而愈出」，如樞得環中，以應無窮。故既已爲人己愈有，既已與人己愈多也。且天乃無言之聖，聖乃有言之天。以天道不積，其體至虛，故四時運而不竭，利盡萬物而不傷其體，故曰「天之道，利而不害」。害，非害物之害，乃不傷己之意。聖人法天利用，故終日運用，爲物作則，而了然無物可當於情，故曰「爲而不爭」。爭，謂與物競也。斯蓋虛心游世，超然獨立於萬物之上矣。老子學問工夫，真實直捷處，盡在於此。故結全書立言之旨，妙盡於是矣。學者勉哉。